PYTHON

게으른   해커의   쉽게   배우는

파이썬 해킹프로그래밍

한상준 ǀ 조태남 ǀ 이성원

박영사

HACKING

게으른 해커의 쉽게 배우는

파이썬 해킹 프로그래밍

[Network Security with Python]

지은이 한상준, 조태남, 이성원

이 책은

　정보보안, 사물인터넷(IoT), 빅데이터 분야 등에서 파이썬(python) 사용은 어제오늘의 일이 아닙니다. Codeeval에서 매년 100만이 넘는 사용자들을 대상으로 하는 프로그래밍 언어 인기통계에서 파이썬은 1위를 차지하고 있습니다.

　왜 이렇게 많은 사람들이 파이썬을 사용하는 걸까요? 여기에는 많은 이유가 있을 수 있습니다. 파이썬은 고급 프로그래밍 언어로서 읽기 편하고 사용하기 쉽다는 특징을 갖고 있다는 것이 한 가지 이유일 것입니다. 그리고, 파이썬에는 잘 설계된 내장 라이브러리와 표준 라이브러리, 서드파티 오픈소스 라이브러리와 모듈이 매우 방대하게 제공된다는 것이 무엇보다 주요한 원인일 것입니다. 특히 보안 영역에서는 파이썬의 활용도가 매우 높아지고 있습니다.

　이 책은 파이썬 뿐만 아니라 프로그래밍 언어에 익숙하지 않은 독자들도 쉽게 따라할 수 있도록 1장에서 파이썬의 기초적 문법을 다루고 있습니다. 그러나 언어 중심의 기술보다는 나머지 장들의 내용을 이해하고 따라갈 수 있는 정도의 깊이로 설명하였습니다. 조금 깊이 있는 사항은 프로그램을 작성하면서 주석이나 각주로 설명을 보충하도록 하였으므로 파이썬 경험이 있는 독자는 1장을 건너뛰어도 무방합니다. 2장에서는 네트워크에 대한 기본 개념을 이해하고 인터넷의 기본 프로토콜인 TCP/UDP 통신 프로그램을 실습할 수 있도록 구성하였습니다. 3장에서는 GNS3를 이용하여 실습 네트워크를 구성하며 4장에서는 nmap이라는 툴을 이용한 프로그래밍을 소개하고 5장에서는 스카피를 이용하여 패킷을 스캔하고 인젝션하는 방법으로 구성하였습니다. 마지막으로 부록에서는 이 책의 프로그램들을 작성하고 테스트하기 위한 실습환경 구축을 위한 프로그램 설치를 단계적으로 안내하고 있습니다.

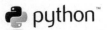
이 책의 목적은 독자들이 네트워크 보안에 관련된 파이썬 프로그램의 기초적인 개념을 이해하고, 실습을 통해서 네트워크 관련 모듈 등의 사용법을 익힘으로써 보안 프로그래밍 능력을 배양하도록 하는 데 있습니다.

독자 여러분이 이 책을 덮은 후 파이썬을 활용한 네트워크 해킹에 대한 개념을 이해하고, 향후 실력을 더욱 발전시킬 계기로 삼는다면 더없이 기쁠 따름입니다.

감사합니다.

저자 일동

목차

제1장

파이썬(python) 프로그래밍

파이썬 프로그래밍

Python을 활용하여 프로그램을 작성할 수 있다.

1-1. 파이썬(python) 환경

1-2. 변수(variables)

1-3. 제어구문(controlstatement)

1-4. 함수(function)

1-5. 클래스(class)

1-6. 모듈(module)

1-1. 🔧 파이썬 환경

설치된 칼리리눅스(kalilinux)에 로그인(ID : root, PW : toor)한 후 터미널창을
연다.

[그림 1-1 터미널 실행]

파이썬 프로그램은 /usr/bin에 설치되어 있는데 python 2.x와 python 3.x 프로그
램이 동시에 설치되어 있음을 확인할 수 있다.
python2.7은 python2와 연결되어 있어서 python2를 실행하면 python2.7 버전이
실행되고 python3을 실행하면 python3.5 프로그램이 실행된다.

```
root@kali: ~/PythonHacking# ls -al /usr/bin/python*
lrwxrwxrwx 1 root root        9 Oct 13  2016 /usr/bin/python -> python2.7
lrwxrwxrwx 1 root root        9 Oct 13  2016 /usr/bin/python2 -> python2.7
-rwxr-xr-x 1 root root 3554200 Aug  4  2016 /usr/bin/python2.7
lrwxrwxrwx 1 root root       33 Oct 13  2016 /usr/bin/python2.7-config -> x86_64-
linux-gnu-python2.7-config
-rwxr-xr-x 1 root root      319 Aug 12  2016 /usr/bin/python2-alembic
lrwxrwxrwx 1 root root       16 Oct 13  2016 /usr/bin/python2-config -> python2.7
-config
-rwxr-xr-x 1 root root      303 Jul 17  2016 /usr/bin/python2-futurize
-rwxr-xr-x 1 root root      307 Jul 17  2016 /usr/bin/python2-pasteurize
lrwxrwxrwx 1 root root        9 Oct 13  2016 /usr/bin/python3 -> python3.5
-rwxr-xr-x 2 root root 4468560 Aug  5  2016 /usr/bin/python3.5
-rwxr-xr-x 2 root root 4468560 Aug  5  2016 /usr/bin/python3.5m
lrwxrwxrwx 1 root root       10 Oct 13  2016 /usr/bin/python3m -> python3.5m
-rwxr-xr-x 1 root root     2552 Feb  2  2016 /usr/bin/python-argcomplete-check-ea
sy-install-script
lrwxrwxrwx 1 root root       16 Oct 13  2016 /usr/bin/python-config -> python2.7-
config
-rwxr-xr-x 1 root root      122 Aug 25  2016 /usr/bin/python-faraday
```

[그림 1-2 파이썬 프로그램 설치폴더]

터미널 창에 "python"을 실행하면 실행되는 파이썬 버전이 출력되므로 이를 통해
확인할 수 있다. 예에서는 python2.7.12＋ 버전이 실행되고 있다.

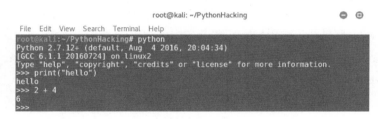

[그림 1-3 파이썬 프로그램 실행]

파이썬 명령을 실행하기 위한 방법에는 두 가지가 있다.

(1) 파이썬 쉘(python shell)에 명령어를 입력하여 명령을 실행한다. 명령어를 한줄씩 입력하면서 바로 실행된 결과를 볼 수 있기 때문에 이를 대화형 혹은 인터렉티브 모드(interactive mode)라고 한다.

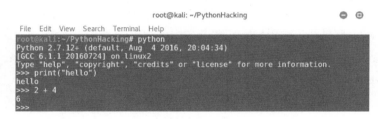

[그림 1-4 파이썬 쉘]

(2) [그림 1-5]처럼 vi나 nano와 같은 편집기를 이용하여 파이썬 파일을 작성하고, [그림 1-6]처럼 터미널창에서 이를 실행한다. 이러한 방식을 스크립트 모드(script mode)라고 한다.

[그림 1-5 test.py 작성]

[그림 1-6 test.py 실행]

1-2. 변수(variable)

다음과 같은 예를 살펴보자. 아래와 같이 65535 + 8을 수행하면 그 결과값은 컴퓨터 어디에도 저장되지 않기 때문에 그 결과를 재사용할 수 없다.

```
root@kali: ~

File  Edit  View  Search  Terminal  Help
root@kali:~# python
Python 2.7.12+ (default, Aug  4 2016, 20:04:34)
[GCC 6.1.1 20160724] on linux2
Type "help", "copyright", "credits" or "license" for more information.
>>> 65535 + 8
65543
```

[그림 1-7 덧셈 결과 출력]

어떤 값을 기억하기 위해서는 메모리에 저장해 둘 수 있다. 저장해 둔 값을 다시 사용하려면 어느 값인지 알아야 하므로, 저장소에 이름을 붙여두어야 한다. 이 장소의 이름이 변수이다. 변수를 마치 물건을 담을 수 있는 "박스(box)"라고 생각하면 된다.

〈 변수의 선언 〉

변수를 사용하여 값을 기억하는 방법은 다음과 같다.

port	=	22

컴퓨터는 "메모리에 박스(변수)를 만들어서 그 이름을 'port'라고 하고, 그 곳에 22라는 값을 기억해 놓아라."라고 인식한다.

변수명 : port　　　대입연산자

[그림 1-8 변수의 개념]

〈 파이썬 변수명 〉

변수명은 프로그래머가 거기에 담을 내용을 나타낼 수 있도록 적절히 지으면 되지만, 약간의 규칙과 제약이 따른다. 파이썬에서 변수명은 영문자, 숫자, 언더바(_)를 이용하여 변수명을 생성할 수 있다. 하지만 숫자는 변수명의 가장 처음에 올 수는 없다.

```
>>> port = 22
>>> port_4th = 110
>>> _port = 80
>>>
>>> 4port = 110
  File "<stdin>", line 1
    4port = 110
        ^
SyntaxError: invalid syntax
```

[그림 1-9 변수명 선언]

또한 파이썬은 대소문자를 구분하기 때문에 변수명 port와 변수명 Port는 서로 다른 변수 이다.

```
>>> port = 8080
>>> Port = 8081
>>>
>>> print(port)
8080
>>> print(Port)
8081
```

[그림 1-10 대소문자 변수명 선언]

단, 다음과 같은 31개의 예약어는 파이썬에서 변수명으로 사용할 수 없다. 이 예약어에는 이미 다른 의미가 부여되어 있기 때문이다.

```
'and', 'as', 'assert', 'break', 'class', 'continue', 'def', 'del',
'elif', 'else', 'except', 'exec', 'finally', 'for', 'from',
'global', 'if', 'import', 'in', 'is', 'lambda', 'not', 'or', 'pass',
'print', 'raise', 'return', 'try', 'while', 'with', 'yield'
```

```
>>> import keyword
>>> keyword.kwlist
['and', 'as', 'assert', 'break', 'class', 'continue', 'def', 'del', 'elif', 'else'
, 'except', 'exec', 'finally', 'for', 'from', 'global', 'if', 'import', 'in', 'is'
, 'lambda', 'not', 'or', 'pass', 'print', 'raise', 'return', 'try', 'while', 'with'
', 'yield']
>>>
>>> len(keyword.kwlist)
31
```

[그림 1-11 파이썬 변수 예약어]

변수에 저장할 수 있는 값의 형태는 다음과 같다.

① 숫자(number) : 정수(integer), 실수(float), 8진수, 16진수 등

② 문자(string) : 문자(character), 문자열(string)

③ 리스트(list)

④ 튜플(tuple)

⑤ 딕셔너리(dictionary)

⑥ 기타 : 집합, 불리언(boolean) 등

1. 숫자(number) 변수

숫자를 저장하는 변수의 종류는 정수형, 실수형이 있으며, 다음과 같이 사용한다.

① 정수(integer)형 변수: 양수, 0, 음수를 10진수, 8진수, 16진수로 표현된 값
을 저장할 수 있다.

예) 10진수 : 123, −345, 0

```
>>> testInt01 = 123
>>> type(testInt01)
<type 'int'>
>>> testInt02 = -345
>>> type(testInt02)
<type 'int'>
>>> testInt03 = 0
>>> type(testInt03)
<type 'int'>
```

[그림 1-12 10진수 정수]

예) 8진수 : 0o34, −0o25 (숫자 0과 알파벳 o로 시작)

```
>>> testOct01 = 0o34
>>> testOct01
28
>>> type(testOct01)
<type 'int'>
>>> testOct02 = -0o25
>>> testOct02
-21
>>> type(testOct02)
<type 'int'>
```

[그림 1-13 8진수 정수]

예) 16진수 : 0x2A, −0xFF (숫자 0과 알파벳 x로 시작)

```
>>> testHex01 = 0x2A
>>> testHex01
42
>>> type(testHex01)
<type 'int'>
>>> testHex02 = -0xFF
>>> testHex02
-255
>>> type(testHex02)
<type 'int'>
```

[그림 1-14 16진수 정수]

② 실수(float)형 변수 : 소수점이 있는 음수, 0, 양수. 부동소수점형이나 지수형
으로 표현된 값을 저장할 수 있다.
예) 부동소수점형 : 123.45, −1234.5
지수형 : 3.4e10(3.4×10^{10})

```
>>> testFloat01 = 123.45
>>> type(testFloat01)
<type 'float'>
>>> testFloat02 = -1234.5
>>> type(testFloat02)
<type 'float'>
>>> testFloat03 = 3.4e10
>>> type(testFloat03)
<type 'float'>
>>>
```

[그림 1-15 실수형 변수]

다음과 같은 포트스캔 시 사용할 서비스 포트를 변수에 저장해 보자.

FTP(21), Mail(25), SSH(22), Web(80), 관리자포트(8888)

[그림 1-16]에서와 같이 변수에 값을 저장한 다음 그 변수 이름을 입력하면 값이 출력된다.

```
>>> ftpPort = 21
>>> mailPort = 25
>>> sshPort = 22
>>> webPort = 80
>>> adminPort = 8888
>>>
>>> ftpPort, mailPort, sshPort, webPort, adminPort
(21, 25, 22, 80, 8888)
```

[그림 1-16 숫자 변수 선언 예]

2. 문자열(string) 변수

문자나 문자열 변수의 선언은 따옴표를 사용한다. 작은따옴표(' ')를 사용하여 지정하여도 되고 큰따옴표(" ")를 사용해서 지정해도 무방하다. 문자열 안에 작은따옴표가 들어있는 문자열인 경우에는 큰따옴표를 사용하여 지정하면 되며, 그 반대도 마찬가지이다.

```
srvName = "Apache Web Service"
ipAddress = "192.168.0.11"
```

root@kali: ~

```
File  Edit  View  Search  Terminal  Help
root@kali:~# python
Python 2.7.12+ (default, Aug  4 2016, 20:04:34)
[GCC 6.1.1 20160724] on linux2
Type "help", "copyright", "credits" or "license" for more information.
>>>
>>> srvName = "Apache Web Service"
>>> srvName
'Apache Web Service'
>>>
>>> ipAddress = "192.168.0.11"
>>> ipAddress
'192.168.0.11'
>>>
```

[그림 1-17 문자열 변수 지정]

문자열 변수는 "+" 연산자를 이용하여 여러 개의 문자열을 하나로 합칠 수 있다.

```
>>> TargetAddr = "192.168.0.1"
>>> srvName = "Apache Web Service"
>>>
>>> TargetAddr + srvName
'192.168.0.1Apache Web Service'
```

[그림 1-18 문자열 변수 합치기]

반복되는 문자열의 경우에는 반복될 문자열 뒤에 반복횟수를 써서 지정할 수 있다. 예를 들어 문자 "A"가 1024인 문자열은 아래와 같이 지정할 수 있다.

```
>>> sendChar = "A" * 1024
>>> sendChar
'AAAAAAAAAAAAAAAAAAAAAAAAAAAAAAAAAAAAAAAAAAAAAAAAAAAAAAAAAAAAAAAAAAAAAAAAAAAAAAAA
AAAAAAAAAAAAAAAAAAAAAAAAAAAAAAAAAAAAAAAAAAAAAAAAAAAAAAAAAAAAAAAAAAAAAAAAAAAAAAAA
AAAAAAAAAAAAAAAAAAAAAAAAAAAAAAAAAAAAAAAAAAAAAAAAAAAAAAAAAAAAAAAAAAAAAAAAAAAAAAAA
AAAAAAAAAAAAAAAAAAAAAAAAAAAAAAAAAAAAAAAAAAAAAAAAAAAAAAAAAAAAAAAAAAAAAAAAAAAAAAAA
AAAAAAAAAAAAAAAAAAAAAAAAAAAAAAAAAAAAAAAAAAAAAAAAAAAAAAAAAAAAAAAAAAAAAAAAAAAAAAAA
AAAAAAAAAAAAAAAAAAAAAAAAAAAAAAAAAAAAAAAAAAAAAAAAAAAAAAAAAAAAAAAAAAAAAAAAAAAAAAAA
AAAAAAAAAAAAAAAAAAAAAAAAAAAAAAAAAAAAAAAAAAAAAAAAAAAAAAAAAAAAAAAAAAAAAAAAAAAAAAAA
AAAAAAAAAAAAAAAAAAAAAAAAAAAAAAAAAAAAAAAAAAAAAAAAAAAAAAAAAAAAAAAAAAAAAAAAAAAAAAAA
AAAAAAAAAAAAAAAAAAAAAAAAAAAAAAAAAAAAAAAAAAAAAAAAAAAAAAAAAAAAAAAAAAAAAAAAAAAAAAAA
AAAAAAAAAAAAAAAAAAAAAAAAAAAAAAAAAAAAAAAAAAAAAAAAAAAAAAAAAAAAAAAAAAAAAAAAAAAAAAAA
AAAAAAAAAAAAAAAAAAAAAAAAAAAAAAAAAAAAAAAAAAAAAAAAAAAAAAAAAAAAAAAAAAAAAAAAAAAAAAAA
AAAAAAAAAAAAAAAAAAAAAAAAAAAAAAAAAAAAAAAAAAAAAAAAAAAAAAAAAAAAAAAAAAAAAAAAAAAAAAAA
AAAAAAAAAAAAAAAAAAAAAAAAAAAAAAAAAAAAAAAAAAAAAAAAAAAAAAAAAAAAAAAAAAAAAAAAAAAAAAAA '
```

[그림 1-19 문자열 변수 곱하기]

3. 리스트(list) 변수

앞에서 다룬 숫자형이나 문자열 변수와 다르게 숫자, 문자, 리스트 등 여러 가지 변수형태를 묶어서 사용하고자 하는 경우에 주로 사용한다. 그래서 리스트 데이터 구조는 객체를 배열로 저장하기에 좋은 구조이다.

〈 리스트 변수 선언 〉

리스트 변수의 선언은 대괄호로 선언하고 리스트의 원소는 콤마(,)로 구분한다.

```
리스트명 = [ 원소값1, 원소값2, 원소값3, .... ]
```

```
>>> List = [ 21, 22, 23, 25, 80 ]
>>> List
[21, 22, 23, 25, 80]
>>>
```

[그림 1-20 리스트 변수 선언]

List[0]	List[1]	List[2]	List[3]	List[4]
21	22	23	25	80
List[-5]	List[-4]	List[-3]	List[-2]	List[-1]

[그림 1-21 리스트변수 원소]

선언된 List 변수에서 첫 번째 원소와 3번째 원소는 위의 [그림 1-20]과 같이 인덱스(index) 0번과 인덱스 2번에 각각 들어있다.

```
List[0] == 21
List[2] == 23
```

인덱스가 음수일 때는 리스트의 맨 뒤로 돌아간다. 즉, -1 번 원소는 마지막 원소이고, -2번 원소는 마지막에서 2번째 원소이다. 그리고, 리스트 변수의 길이는 Len() 함수를 사용하여 알 수 있다.

```
>>> List = [21, 22, 23, 25, 80]
>>> List[0]
21
>>> List[1]
22
>>> List[3]
25
>>> List[-1]
80
>>> List[-2]
25
>>> len(List)
5
```

[그림 1-22 리스트변수 인덱스]

리스트의 일부 원소값은 시작 색인과 마지막 색인+1로 지정할 수 있다. 예로, [그림 1-22]와 같이 List[1]과 List[2] 원소값은 List[1:3]과 같이 사용하면 된다.

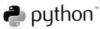

시작 색인값이 없으면 0부터 시작하고, 마지막 색인값이 없으면 마지막 원소까지를 지정한다. 이를 리스트 조각이라는 의미로 슬라이싱(slicing)이라고 한다.

```
>>> List = [21, 22, 23, 25, 80]
>>> List[1:3]
[22, 23]
>>> List[1:]
[22, 23, 25, 80]
>>> List[:3]
[21, 22, 23]
```

[그림 1-23 리스트변수 슬라이싱]

리스트 변수는 + 연산자를 사용하여 여러 리스트변수를 하나로 합칠 수 있다.

```
>>> List1 = [21, 22, 23]
>>> List2 = [25, 80, 443]
>>> List3 = List1 + List2
>>> List3
[21, 22, 23, 25, 80, 443]
```

[그림 1-24 리스트변수 더하기 연산]

〈 리스트 변수의 메소드 〉

리스트 변수는 항목요소 추가, 삽입, 제거, 정렬 등과 같은 작업을 위한 많은 메소드들을 가지고 있다.

```
>>> portList = []
>>> dir(portList)
['__add__', '__class__', '__contains__', '__delattr__', '__delitem__', '__delslice
__', '__doc__', '__eq__', '__format__', '__ge__', '__getattribute__', '__getitem
__', '__getslice__', '__gt__', '__hash__', '__iadd__', '__imul__', '__init__', '__it
er__', '__le__', '__len__', '__lt__', '__mul__', '__ne__', '__new__', '__reduce
__', '__reduce_ex__', '__repr__', '__reversed__', '__rmul__', '__setattr__', '__setit
em__', '__setslice__', '__sizeof__', '__str__', '__subclasshook__', 'append', 'cou
nt', 'extend', 'index', 'insert', 'pop', 'remove', 'reverse', 'sort']
>>>
```

[그림 1-25 리스트변수 메소드]

append() 메소드를 활용하여 리스트에 항목요소를 추가할 수 있고, remove() 메소드를 활용하여 항목요소를 삭제할 수도 있고, sort() 메소드를 이용하여 리스트 내의 항목요소를 정렬할 수도 있다.

```
>>> portList = []
>>> portList.append(21)
>>> portList.append(23)
>>> portList
[21, 23]
>>> portList.append(80)
>>> portList.append(22)
>>> portList
[21, 23, 80, 22]
```

[그림 1-26 리스트변수 항목 추가]

index(x) 메소드는 portList에서 x(여기서는 80)가 출현하는 첫 번째 인덱스를 반환한다. insert() 메소드는 insert(i, x)와 같이 사용하며, 인덱스가 i인 원소로서 x를 삽입한다.

```
>>> portList
[21, 23, 80, 22]
>>> portList.index(80)
2
>>> portList.insert(2, 25)
>>> portList
[21, 23, 25, 80, 22]
```

[그림 1-27 리스트변수 항목 삽입]

pop() 메소드는 리스트의 마지막 원소를 제거하고, pop(i)와 같이 인덱스를 지정하면 해당 인덱스의 원소가 제거된다. remove(x) 메소드는 리스트 변수에서 원소 x를 찾아 제거한다.

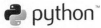

```
>>> portList
[21, 23, 25, 80, 22]
>>> portList.append(123)
>>> portList.append(888)
>>> portList
[21, 23, 25, 80, 22, 123, 888]
>>> portList.index(123)
5
>>> portList.pop(5)
123
>>> portList
[21, 23, 25, 80, 22, 888]
>>> portList.remove(25)
>>> portList
[21, 23, 80, 22, 888]
>>> portList.pop()
888
>>> portList
[21, 23, 80, 22]
```

[그림 1-28 리스트변수 메소드(pop, remove)]

sort() 메소드는 리스트 변수의 원소를 오름차순으로 정렬하고 reverse() 메소드는
내림차순으로 정렬한다.

```
>>> portList
[21, 23, 80, 22]
>>> portList.sort()
>>> portList
[21, 22, 23, 80]
>>> portList.reverse()
>>> portList
[80, 23, 22, 21]
```

[그림 1-29 리스트변수 메소드(sort, reverse)]

4. 튜플(tuple) 변수

튜플 변수는 리스트 변수와 비슷하지만, 대괄호없이 선언한다든지 튜플의 원소
값은 변경할 수 없다는 등의 차이가 있다.

〈 튜플 변수 선언 〉

튜플 변수의 선언은 대괄호 없이 개별 항목요소는 콤마(,)로 구분하여 선언한다.

```
튜플명 =  원소값1, 원소값2, 원소값3, ....
```

```
addrTuple = 21, 22, 23, 25, 80
```

[그림 1-30]과 같이 addrTuple 변수를 선언하고, 리스트와 같이 첫 번째 원소값은 addrTuple[0]처럼 인덱스 값을 활용하여 지정하면 된다. 하지만 튜플의 원소값을 변경하려고 오류메시지를 만나게 된다.

```
>>> addrTuple = '192.168.0.11', 55634
>>> addrTuple
('192.168.0.11', 55634)
>>> addrTuple[0]
'192.168.0.11'
>>> addrTuple[0] = '192.168.0.12'
Traceback (most recent call last):
  File "<stdin>", line 1, in <module>
TypeError: 'tuple' object does not support item assignment
>>>
```

[그림 1-30 튜플변수 선언]

5. 딕셔너리(dictionary) 변수

데이터를 처음부터 시작하여 하나씩 훑어가야 하는 경우 리스트 변수를 사용하는 것이 효율적이나 리스트 변수의 항목요소가 많고 이 항목요소 값을 찾을 경우에는 비효율적이고 느리다. 즉, 두꺼운 백과사전에서 첫 페이지부터 해당 단어를 찾아가는 것과 유사하다고 할 수 있다.

딕셔너리 변수는 해당 항목요소로 바로 찾아갈 수 있는 구조이어서 효율성이 좋다. 예를들어 영어사전에서 "Apple"을 바로 찾아가서 해당내용을 찾는 것과 유사하게 생각하면 된다.

〈 딕셔너리 변수 선언 〉

딕셔너리 변수의 선언은 중괄호 사이에 원소들은 콤마(,)로 구분하여 선언한다. 각 원소는 키(key)와 값(value)이 콜론(:)으로 짝을 이룬다. 값은 대응되는 키를

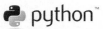

인덱스처럼 사용하여 참조한다.

```
딕셔너리명 = { 키(key) : 값(value), 키(key) : 값(value), .... }
```

```
>>> serviceDictionary = { 'ftp': 21, 'ssh': 22, 'smtp': 25, 'http': 80 }
>>> serviceDictionary['http']
80
```

[그림 1-31 딕셔너리 변수 선언]

keys() 메소드는 딕셔너리 변수의 모든 키의 목록을 반환하는 메소드이고, values() 메소드는 딕셔너리 변수의 키에 해당하는 모든 값을 반환한다. items() 메소드는 딕셔너리에 있는 모든 원소들의 목록을 반환한다. has_key(x) 메소드는 딕셔너리 변수에 해당 키(x)가 존재하는지를 참과 거짓으로 반환한다.

```
>>> serviceDictionary = { 'ftp' : 21, 'ssh' : 22, 'smtp' : 25, 'http' : 80 }
>>> serviceDictionary
{'ftp': 21, 'smtp': 25, 'ssh': 22, 'http': 80}
>>> serviceDictionary.keys()
['ftp', 'smtp', 'ssh', 'http']
>>> serviceDictionary.values()
[21, 25, 22, 80]
>>> serviceDictionary.items()
[('ftp', 21), ('smtp', 25), ('ssh', 22), ('http', 80)]
>>> serviceDictionary.has_key('http')
True
>>> serviceDictionary['http']
80
>>>
```

[그림 1-32 딕셔너리 메소드]

딕셔너리 변수에 새로운 키와 값을 추가하고자 할 경우 아래와 같이 사용한다.

```
딕셔너리명[키] = 값
```

```
>>> serviceDictionary['admin'] = 8080
>>> serviceDictionary
{'admin': 8080, 'ftp': 21, 'smtp': 25, 'ssh': 22, 'http': 80}
>>>
```

[그림 1-33 딕셔너리 변수 추가]

1-3. 제어 구문(control statement)

1. if 구문

프로그램을 실행할 때 어떤 조건을 만족하는 경우에만 실행하는 코드가 있을 경우에 사용한다. 예로, 포트 번호가 80번이면 웹서비스이고, 포트번호가 23번이면 텔넷서비스이므로 관련된 내용을 실행하도록 할 수 있다. 그러려면 검사할 조건과 그 조건이 만족되었을 때 실행할 실행문, 그리고 옵션으로 조건이 만족되지 않았을 때 실행할 실행문을 제시해야 한다.

〈 if 문의 선언 형식 〉

```
if <조건문1> :
    <실행문1_1>
    <실행문1_2>
    ...
elif <조건문2> :
    <실행문2_1>
    <실행문2_2>
    ...
...
else :
    <실행문3_1>
    <실행문3_2>
        ...
```

① if 키워드 다음에 실행 조건인 <조건문>을 쓰고 마지막에 콜론(:)을 쓴다.
② if <조건문> : 다음 줄에 <조건문>이 참일 경우 실행할 <실행문>들을 기술한다. 실행문들은 if 문보다 들여쓰기를 해야 하며, 실행문들은 모두 같은 크기만큼 들여쓰기를 해야 한다.
③ 다른 조건이 존재할 경우는 elif 키워드를 시작으로 <조건문>을 기술하고 콜

17

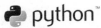

론(:)을 붙인다.

④ 조건이 여러 개일 경우에는 elif를 반복한다.

⑤ 그 이외의 조건에 대해서는 else : 키워드 다음에 <실행문>을 기술한다.

⑥ elif 와 else 부분은 없을 수도 있다.

현재 디렉토리에 if.py 파일을 아래와 같이 생성해 보자.

```
1
2  portNum = int(raw_input("Input Port : "))
3
4  if (portNum == 80):
5      print("Web service Port")
6  elif (portNum == 23):
7      print("Telnet Port")
8  else:
9      print("No Web and Telnet")
10
```

[그림 1-34 if 구문]

이 프로그램은 raw_input()을 통하여 사용자의 입력값을 받는다. 단, raw_input()
은 입력 값을 str 형태의 문자열로 반환하므로, 등호(==)를 이용하여 숫자 비교
를 하기 위해서는 이를 int 형으로 변경해 주어야 한다. 이 프로그램을 실행하여
80을 입력하면 이 값이 portNum에 저장되고 if 문의 첫 번째 조건을 만족하므로
[그림 1-35]와 같이 "Web Serve Port"라고 출력된다.

```
root@kali:~/PythonHacking# python if.py
Input Port : 80
Web service Port
root@kali:~/PythonHacking# python if.py
Input Port : 23
Telnet Port
root@kali:~/PythonHacking# python if.py
Input Port : 443
No Web and Telnet
```

[그림 1-35 if 조건문 실행]

〈 조건문 〉

조건문에 대해서 조금 더 자세히 알아보자. 조건문이란 해당 조건과 관련된 자
료형이나 수식 등이 참인지 거짓인지를 판단하는 수식이나 문장을 말한다. 만

약 조건문에 비교할 값이 주어지지 않으면 [표 1-1]에 근거하여 참과 거짓을 판단한다.

[표 1-1 자료형의 조건문]

자료형	참	거짓
숫자	10 (0이 아닌 수)	0
문자열	"abc" (빈 문자열이 아닌 문자열)	"" (빈 문자열)
리스트	[1,2,3] (빈 리스트가 아닌 리스트)	[] (빈 리스트)
튜플	(1,2,3) (빈 튜플가 아닌 튜플)	() (빈 튜플)
딕셔너리	{"a":"b"} (빈 딕셔너리가 아닌 딕셔너리)	{} (빈 딕셔너리)

[그림 1-36]에서 숫자변수에 저장된 값이 0이 아니므로 조건식은 참으로 판단한다.

```
>>> num = 1000
>>> if num:
...     print("True")
... else:
...     print("False")
...
True
```

[그림 1-36 숫자변수 조건식]

[그림 1-37]에서 리스트 변수에 원소값이 있으므로 참이 되어 True를 출력한다.

```
>>> List = [1, 2, 3]
>>>
>>> if List:
...     print("True")
... else:
...     print("False")
...
True
```

[그림 1-37 리스트변수 조건식]

19

비교연산자의 기능은 [표 1−2]와 같이 수학에서와 유사하다. 단, 같은지를 비교하려면 "="가 아니라 "=="를 이용해야 하고, 같지 않은지를 비교하려면 "< >"나 "≠"가 아니라 "!="를 사용해야 한다. 또한 작거나 같은지를 비교하려면 "≤"나 "≦"가 아니라 "< ="를 이용해야 한다. 또한 "=<"라고 사용해서도 안 된다. 마찬가지로 크거나 같은지를 비교하려면 "≥", "≧", "=>"가 아니라 "> ="를 사용해야 한다는 점을 주의하자.

[표 1−2 비교연산자의 조건문]

비교연산자	설명
x ⟨ y	x가 y보다 작다
x ⟩ y	x가 y보다 크다
x == y	x와 y가 같다
x != y	x와 y가 같지 않다
x ⟩= y	x가 y보다 크거나 같다
x ⟨= y	x가 y보다 작거나 같다

[그림 1−38]은 비교 연산자를 이용하여 두 숫자변수의 크기를 비교하는 조건문에 대한 예이다.

```
>>> portNum1 = 22
>>> portNum2 = 1024
>>>
>>> portNum1 > portNum2
False
>>>
>>> portNum1 < portNum2
True
>>>
>>> portNum1 == portNum2
False
>>>
>>> portNum1 != portNum2
True
```

[그림 1−38 비교연산자를 이용한 조건문]

조건문은 여러 개의 조건을 조합하여 구성할 수 있다. [표 1−3]과 같이 논리곱

(and), 논리합(or) 그리고 부정(not) 연산자로 조합할 수 있다.

[표 1-3 and / or / not 연산]

연산자	설명
x or y	x와 y 중 하나라도 참이면 참이다
x and y	x와 y 모두 참이면 참이다
not x	x가 거짓이면 참이다

[그림 1-39]의 조건문에서 리스트변수 List에 값이 하나도 없으므로 거짓이고, portNum 값은 80로서 1024보다 작으므로 참이다. 둘 중에 하나만 참이어도 참이 되는 연산자인 OR 연산자를 사용했으므로 True를 출력한다.

```
>>> portNum = 80
>>> List = []
>>>
>>> if List or (portNum < 1024):
...     print("True")
... else:
...     print("False")
...
True
```

[그림 1-39 AND / OR / NOT 의 조건문]

in과 not in 연산자는 리스트, 튜플, 문자열 변수에 해당 원소값이 있는지 없는지를 질의하는 연산자이다.

[표 1-4 in / not in 조건문]

조건문	설명
x in 변수	변수에 x가 원소로 포함되어 있으면 참이다
x not in 변수	변수에 x가 원소로 포함되어 있지 않으면 참이다

[그림 1-40]에서, List 변수에 80이 포함되어 있으므로, "80 in List"의 결과는 참이므로 True를 출력한다. 따라서 "80 not in List"의 결과는 거짓이므로 False를

출력한다.

```
>>> List = [22, 23, 25, 80]
>>>
>>> 80 in List
True
>>>
>>> 80 not in List
False
>>> 443 not in List
True
```

[그림 1-40 in / not in 조건문]

2. for 구문

for 구문은 동일한 코드를 반복해서 사용하고자 하는 경우 사용하는 반복구문을
만드는 프로그램 코드이다.

〈 for 문의 선언 형식 〉

```
for <변수> in <리스트|튜플|문자열> :
    <실행문1>
    <실행문2>
    ...
```

for 문의 <리스트>(튜플이나 문자열도 가능하다) 원소값을 하나씩 차례로 <변
수>에 저장한 다음 <실행문>들을 수행한다.

[그림 1-41]은 for 문과 print()를 사용하여 리스트 변수의 원소들을 출력하는 프
로그램이다. 이와 같이 10개의 IP 주소를 출력하는 프로그램에 for문을 사용하면
수월하게 코드 실행을 반복할 수 있다.

```
>>> List = [1,2,3,4,5,6,7,8,9,10]
>>>
>>> for item in List:
...     print("192.168.0."+str(item))
...
192.168.0.1
192.168.0.2
192.168.0.3
192.168.0.4
192.168.0.5
192.168.0.6
192.168.0.7
192.168.0.8
192.168.0.9
192.168.0.10
```

[그림 1-41 for문 - 리스트변수 출력]

또 다른 예로서, range() 함수를 이용하여 for문을 사용해 보자. 이 함수는 [그림 1-42]와 같이 range(시작값, 종료값+1, 증감값)로 호출하면 시작값부터 종료값까지 증감값씩 증감시킨 값들의 리스트를 반환한다. 증감값이 생략되면 1로 간주한다.

```
>>> range(1,10)
[1, 2, 3, 4, 5, 6, 7, 8, 9]
```

[그림 1-42 range() 함수]

[그림 1-43]은 range() 함수를 이용하여 192.168.0.1에서 192.168.0.254까지의 모든 IP를 출력하는 예이다.

```
>>> for item in range(1,255):
...     print("192.168.0."+str(item))
...
192.168.0.1
192.168.0.2
192.168.0.3
192.168.0.4
192.168.0.5
192.168.0.6
192.168.0.7
192.168.0.8
192.168.0.9
192.168.0.10
192.168.0.11
192.168.0.12
192.168.0.13
192.168.0.14
192.168.0.15
192.168.0.16
```

[그림 1-43 for문 - range함수 출력]

3. while 구문

while 구문은 동일한 코드를 반복해서 사용하고자 하는 경우에 사용하는 구문으로서 for 문과 기능이 유사하다.

〈 while 문의 선언 형식 〉

```
<초기식>
while <조건문> :
    <실행문1>
    <실행문2>
    ...
    <증감식>
```

while 문 다음에 오는 <조건식>이 참인 동안 <실행문>들이 반복 실행된다. 즉, 먼저 조건문을 검사하여 거짓이면 실행을 중지하고 while문 다음 문장으로 간다. 사실상 <초기식>은 while 문의 일부는 아니지만 일반적으로 <조건문> 검사나 실행문의 반복을 위해 필요하다. <증감식>도 필요에 따라 없을 수도 있다.

[그림 1-44]는 while 문과 print()를 사용하여 10개의 IP 주소를 출력하는 반복문이다.

```
>>> i = 1
>>>
>>> while (i <= 10) :
...     print("192.168.0." + str(i))
...     i = i + 1
...
192.168.0.1
192.168.0.2
192.168.0.3
192.168.0.4
192.168.0.5
192.168.0.6
192.168.0.7
192.168.0.8
192.168.0.9
192.168.0.10
```

[그림 1-44 while 반복문]

4. continue 문

continue 문은 반복문의 나머지를 무시하고 반복문의 처음으로 되돌아가도록 한다.
[그림 1−45]는 continue문을 while과 함께 사용한 예이다(while2.py). i를 2로 나
눈 나머지 값이 0이면 while 문 처음으로 되돌아간다. 즉, i가 2의 배수(짝수)이면
출력문을 건너뛰고 3번 줄로 간다. 그 결과는 [그림 1−46]에서 확인할 수 있다.

```
1  i = 0
2
3  while (i < 10):
4      i = i + 1
5
6      if (i % 2) == 0:
7          continue
8
9      print("192.168.0."+str(i))
```

[그림 1−45 continue를 이용한 while문]

```
root@kali:~/PythonHacking# python while2.py
192.168.0.1
192.168.0.3
192.168.0.5
192.168.0.7
192.168.0.9
```

[그림 1−46 continue를 이용한 while문 실행 결과]

[그림 1−47]는 continue문을 for문과 함께 사용한 예이다. 결과는 while문을 이
용한 프로그램과 동일하다.

```
>>> for i in range(1,11):
...     if (i % 2 == 0) :
...         continue
...     print("192.168.0."+str(i))
...
192.168.0.1
192.168.0.3
192.168.0.5
192.168.0.7
192.168.0.9
```

[그림 1−47 continue를 이용한 for문]

5. break 문

break문은 이 문장이 포함된 반복문을 빠져 나와 그 다음 문장으로 가도록 한다. [그림 1-48]은 while에 break문을 적용한 예이다(while3.py)에서 while 문의 조건인 i가 10보다 작을 동안에는 <실행문>인 print() 문이 실행된다. 그러나 if문에서 i 값이 8인 경우는 break를 통해 while 문을 빠져나와 10번 줄로 가게 된다. 실행 결과는 [그림 1-49]와 같다.

```
1  i = 0
2
3  while (i < 10):
4      i = i + 1
5
6      print("192.168.0."+str(i))
7
8      if (i == 8):
9          break;
10
```

[그림 1-48 break문을 이용한 while문]

```
root@kali:~/PythonHacking# python while3.py
192.168.0.1
192.168.0.2
192.168.0.3
192.168.0.4
192.168.0.5
192.168.0.6
192.168.0.7
192.168.0.8
```

[그림 1-49 break문을 이용한 while문 실행 결과]

이와 유사하게 [그림 1-50]에서와 같이 for문과 함께 사용할 수도 있다.

```
>>> for i in range(1,11):
...     print("192.168.0."+str(i))
...     if (i == 8):
...         break
...
192.168.0.1
192.168.0.2
192.168.0.3
192.168.0.4
192.168.0.5
192.168.0.6
192.168.0.7
192.168.0.8
```

[그림 1-50 break문을 이용한 for문]

1-4. 함수(function)

함수(function)는 반복해서 작성하게 되는 코드들을 하나의 묶음으로 만들어서 이름을 부여하고, 그 이름만 호출함으로써 그 코드들을 실행하도록 하는 것이다.

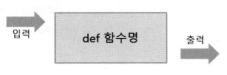

[그림 1-51 함수의 정의]

1. 함수(function)의 선언

함수를 선언하는 형식은 다음과 같다.

```
def [함수명] ( 매개변수1, 매개변수2, ... ) :
    <실행문1>
    <실행문2>
    ...
    return <리턴값>
```

① def라는 예약어로 함수 선언을 시작한다.
② 함수명은 함수가 수행하는 일에 따라 프로그래머가 부여한 이름이다.
③ 함수명 뒤의 괄호 안의 매개변수들은 함수에 입력되는 값을 받는 변수이다. 즉, 이 함수를 호출할 때 호출자가 함수에 넘겨주는 값이다.
④ 함수의 return <리턴값>은 <실행문> 실행 후 호출한 곳으로 반환되는 출력값이다.

더하기 연산을 하는 함수 sum.py에 만들어 보자. [그림 1-52]의 2~4번 줄에서 함수 선언은 def로 선언하고 함수명은 더하기를 뜻하는 sum이라고 하였다. 괄호 안의 매개변수인 a와 b를 함수 내의 실행문으로 전달한다. 3번 줄에서 전달받은

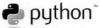

a와 b를 더하여 변수 c에 저장하고 4번 줄에서 c값을 반환한다.

```
1
2 def sum(a,b):
3     c = a + b
4     return c
5
6 print(sum(3,4))
7
```

[그림 1-52 더하기 연산 함수]

이 프로그램을 실행하면 6번 줄에서 3과 4를 매개변수로 넘겨주면서 함수 sum()
을 호출한다. sum()함수는 3과 4를 각각 a와 b에 받아서 더하여 c에 저장한 후
그 값인 7을 반환하여 6번 줄의 함수 호출문으로 되돌아 간다. 따라서 [그림
1-53]과 같이 반환값인 7이 출력된다.

```
root@kali:~/PythonHacking# python sum.py
7
```

[그림 1-53 더하기 연산 함수 실행]

2. 매개변수의 초기치 설정하기

함수를 호출할 때, 매개변수를 넘겨주지 않을 경우를 대비하여 기정치를 설정할
수 있다. [그림 1-54]의 2번 줄에서와 같이 두 번째 매개변수 b의 기정치를 1로
설정해 놓으면 두 번째 변수 없이 함수를 호출했을 때 두 번째 매개변수 값을 1
이라고 가정한다(sum1.py).

```
1
2 def sum(a,b=1):
3     c = a + b
4     return c
5
6 print(sum(3,4))
7
8 print(sum(3))
9
```

[그림 1-54 함수 매개변수의 초기치 설정]

6번 줄에서 매개변수를 3, 4로 하여 호출하면 a, b에 각각 3, 4가 저장되어 실행되므로 7이 반환된다. 8번 줄에서와 같이 하나의 매개변수 3을 가지고 호출하면 두 번째 매개변수는 1로 대체되어 3+1인 4가 반환된다(그림 1-55).

```
root@kali:~/PythonHacking# python sum1.py
7
4
```

[그림 1-55 매개변수의 초기치가 설정된 함수의 실행]

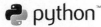

1-5. 클래스(class)

클래스(class)는 여러 변수들과 함수들을 모아놓은 집합체이다.

예를 들어, '사람' 이라는 클래스를 생각해 보자. 사람은 나이와 신장이라는 속성을 가지며, 밥 먹고 잠자는 동작을 한다. 이를 클래스로 선언한다면 아래와 같을 것이다.

```python
class 사람 :
    나이 = 20
    신장 = 180

    def 밥먹기 (self):
        밥을 먹는다

    def 잠자기 (self):
        잠을 잔다
```

'학생'은 '사람'에 속하는 부류로서 '학생'은 학번도 가지며 밥 먹고 잠자는 것 외에 공부하거나 학교에 가는 동작을 한다.

이런 경우 '학생' 이라는 클래스는 '사람' 이라는 클래스를 상속받도록 해서 '사람'이 가지고 있는 속성이나 동작을 추가적으로 또 다시 선언하여 사용하지 않고 사용하고, 추가되는 속성이나 동작만 기술하도록 한다.

```python
class 학생(사람) :

    학번 = 123456

    def 공부하기 (self):
        공부를 한다
```

```
def 학교가기 (self):
    학교에 간다
```

클래스란 개념적 모델 혹은 설계도라고 할 수 있다. 이 모델 혹은 설계도에 따라 실물을 제작해서 사용해야 하는데 이 실물을 인스턴스(instance)라고 한다. 인스턴스를 생성하는 방법은 클래스명 옆에 ( )를 붙여서 인스턴스 변수에 저장하는 것이다.

```
인스턴스_변수 = 클래스명()
```

이 인스턴스가 가지는 속성변수나 동작(메소드, method)은 인스턴스 변수에 .을 붙이고 속성이나 동작이름을 써서 참조한다.

```
인스턴스_변수.속성변수
인스턴스_변수.메소드()
```

"사람" 클래스에 대한 인스턴스 생성과 속성변수 및 메소드 사용방법을 예로 들면 다음과 같다.

```
humanInstance = 사람()

humanInstance.나이
humanInstance.신장

humanInstance.밥먹기()
humanInstance.잠자기()
```

이와 유사하게 "학생" 클래스를 사용하기 위해서도 인스턴스(instance) 만들어 사용한다.

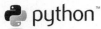
```
studentInstance = 학생()

studentInstance.나이
studentInstance.신장
studentInstance.학번

studentInstance.밥먹기()
studentInstance.잠자기()
studentInstance.공부하기()
studentInstance.학교가기()
```

이 상속의 개념을 이용하면 다른 사람이나 본인이 작성해 놓은 클래스를 재사용
할 수 있으므로, 프로그래밍 효율이 높아진다. 이를 위해 클래스와 모듈을 사용
한다.

〈 클래스의 선언 형식 〉

클래스를 선언하는 형식은 다음과 같다.

```
class [클래스명] ( 상속받는 클래스 ) :
    <클래스변수1>
    <클래스변수2>
    ...

    def [클래스함수명1] (self, 매개변수1_1, 매개변수1_2, ...):
        <실행문1_1>
        <실행문1_2>
        ...
        return <리턴값1>

    def [클래스함수명2] (self, 매개변수2_1, 매개변수2_2, ...):
        <실행문2_1>
        <실행문2_2>
```

```
    ...
    return <리턴값2>
    ...
```

① class라는 예약어로 클래스 선언을 시작한다.

② 클래스명은 클래스가 구현하고자 하는 기능에 따라 이름을 만들어서 사용한다.

③ 클래스명 뒤의 괄호 안의 클래스명은 클래스가 상속받아서 사용할 클래스명이다.

④ 클래스에 속한 변수와 함수(메소드)를 기술한다.

⑤ 클래스메소드 선언 시 괄호 안의 첫 번째 매개변수로는 객체자신을 가리키는 self를 지정하여야 한다.

〈 클래스의 사용 〉

클래스를 사용하기 위해서는 먼저 클래스를 선언(설계)하고, 선언된 클래스를 실현(실체화)하여 인스턴스(instance)를 만든 후 클래스변수나 클래스메소드를 호출하여 사용한다. [그림 1-56]의 덧셈과 뺄셈을 수행하는 클래스인 Calulator 예 (class.py)를 살펴보자.

① 클래스 선언 : 라인 1 ~ 7

② 인스턴스 생성 : 라인 9. 인스턴스를 저장할 변수에 클래스명()을 할당한다. 이때, 클래스명()이 해당 클래스의 인스턴스를 생성하는 것이다.

③ 인스턴스를 통한 클래스변수, 클래스메소드를 호출하여 사용 : 라인 11 ~ 12. 클래스변수와 클래스메소드는 "인스턴스변수명.클래스변수명"과 "인스턴스변수명.클래스메소드명(매개변수)"와 같은 형식으로 사용한다.

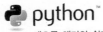

```
 1 class Calculator:
 2
 3     def add(self,a,b):
 4         return a + b
 5
 6     def sub(self,a,b):
 7         return a - b
 8
 9 calcInstance = Calculator()
10
11 print(calcInstance.add(8,4))
12 print(calcInstance.sub(8,4))
13
```

[그림 1-56 Calculator 클래스]

프로그램 수행 결과는 [그림 1-57]과 같다. [그림 1-56]의 11번 줄에서 calcInstance를 통하여 add 메소드를 호출한다. 이 때 매개변수로 8과 4를 3~4번 줄의 add()의 a와 b로 넘겨주므로 이를 더한 값 12가 11번 줄로 반환되어 출력된다. 12번 줄의 sub() 메소드도 유사하게 수행되어 4가 출력된다.

```
root@kali:~/PythonHacking# python class.py
12
4
```

[그림 1-57 Calculator 클래스 실행]

〈 클래스의 상속 〉

Calculator 클래스의 메소드인 add()와 sub()를 상속받고, 지수계산을 하는 메소드가 추가된 Scientific 클래스를 생각해 보자. 그러기 위해서는 [그림 1-58]처럼 Scientific 클래스를 선언할 때 의 괄호 안에 상속받고자 하는 클래스인 Calculator 를 명시해야 한다(class.py).

① Scientific 클래스 선언 : 15 ~ 18번 줄
② Scientific 인스턴스 생성 : 20번 줄
③ 인스턴스를 통한 클래스변수와 클래스메소드의 사용 : 22 ~ 25번 줄

```
1 class Calculator:
2
3     def add(self,a,b):
4         return a + b
5
6     def sub(self,a,b):
7         return a - b
8
9 calcInstance = Calculator()
10
11 print(calcInstance.add(8,4))
12 print(calcInstance.sub(8,4))
13
14
15 class Scientific(Calculator):
16
17     def power(self,a,b):
18         return pow(a,b)
19
20 sciInstance = Scientific()
21
22 print(sciInstance.add(5,9))
23 print(sciInstance.sub(5,9))
24
25 print(sciInstance.power(5,9))
26
```

[그림 1-58 Scientific 클래스 상속]

수행 결과는 [그림 1-59]과 같다. [그림 1-58]의 21~22번 줄의 메소드는 Calculator 클래스로부터 상속받은 메소드인 add()와 sub()를 호출한 결과로서 5+9인 14와 5-9인 -4가 반환되어 출력되었다. 25번 줄은 Scientific에서 정의한 power()를 호출하여 17~18줄이 수행된다. 그 결과 5^9가 반환되어 1953125가 출력된다.

```
root@kali:~/PythonHacking# python class.py
12
4
14
-4
1953125
```

[그림 1-59 Scientific 클래스 실행]

> ※ 제어문, 함수 및 클래스 선언 시 공통적으로 다음을 주의해야 한다.
>
> ① if, elif, else, for, while, def, class와 같이 구조화된 문법의 시작을 알리는 문장 뒤에는 반드시 콜론(:)을 붙여야 한다.
> ② if, elif, else, for, while와 같은 키워드 다음에 오는 실행문은 해당 키워드 보다 들여쓰기를 하여야 한다.
> ③ : 뒤에 연속해서 기술해야하는 실행문이 여러 개일 경우에는 모두 같은 크기로 들여쓰기를 해야 한다.
> ④ 실행문은 또 다른 제어문이나 함수 호출이 될 수 있다.

1-6. 모듈(module)

모듈이란 다른 사람이 만들어놓은 파이썬 프로그램으로 함수나 클래스들을 모아놓은 파일로서 프로그래머는 이러한 모듈들을 불러와서 편리하게 사용할 수 있다.

〈 모듈의 사용 방법 〉

모듈을 사용하기 위한 첫 번째 방법은 아래와 같이 모듈을 import 한 후, 해당 모듈의 메소드를 불러서 사용할 수 있다.

```
import [모듈명]
```

import를 통해서 호출한 모듈이 제공하는 변수나 메소드들은 클래스에서와 마찬가지로 각각 "모듈명.모듈변수명", "모듈명.모듈메소드명"와 같은 형태로 사용한다. import한 모듈이 제공하는 변수와 메소드들을 알아보고 싶으면, dir() 함수를 이용하면 된다. 예로, [그림 1-60]과 같이 sys 모듈을 import 한 경우 dir(sys)를 이용하여 sys 모듈이 제공하는 변수와 메소드들을 확인할 수 있다. 따라서 sys.maxint, sys.getsizeof()와 같은 방법으로 사용하면 된다.

```
>>> import sys
>>> dir(sys)
['__displayhook__', '__doc__', '__excepthook__', '__name__', '__package__', '__s
tderr__', '__stdin__', '__stdout__', '_clear_type_cache', '_current_frames', '_g
etframe', '_mercurial', '_multiarch', 'api_version', 'argv', 'builtin_module_nam
es', 'byteorder', 'call_tracing', 'callstats', 'copyright', 'displayhook', 'dont
_write_bytecode', 'exc_clear', 'exc_info', 'exc_type', 'excepthook', 'exec_prefi
x', 'executable', 'exit', 'flags', 'float_info', 'float_repr_style', 'getcheckin
terval', 'getdefaultencoding', 'getdlopenflags', 'getfilesystemencoding', 'getpr
ofile', 'getrecursionlimit', 'getrefcount', 'getsizeof', 'gettrace', 'hexversion
', 'long_info', 'maxint', 'maxsize', 'maxunicode', 'meta_path', 'modules', 'path
', 'path_hooks', 'path_importer_cache', 'platform', 'prefix', 'ps1', 'ps2', 'py3
kwarning', 'pydebug', 'setcheckinterval', 'setdlopenflags', 'setprofile', 'setre
cursionlimit', 'settrace', 'stderr', 'stdin', 'stdout', 'subversion', 'version',
 'version_info', 'warnoptions']
```

[그림 1-60 sys 모듈이 제공하는 변수와 메소드]

sys.path에는 파이썬과 관련된 경로가 저장되어 있다. [그림 1-61]과 같이 "sys.path"를 입력하면 저장된 값이 출력되는데 리스트 형식이라는 것을 알 수 있다.

```
>>> import sys
>>> dir(sys)
['__displayhook__', '__doc__', '__excepthook__', '__name__', '__package__', '__s
tderr__', '__stdin__', '__stdout__', '_clear_type_cache', '_current_frames', '_g
etframe', '_mercurial', '_multiarch', 'api_version', 'argv', 'builtin_module_nam
es', 'byteorder', 'call_tracing', 'callstats', 'copyright', 'displayhook', 'dont
_write_bytecode', 'exc_clear', 'exc_info', 'exc_type', 'excepthook', 'exec_prefi
x', 'executable', 'exit', 'flags', 'float_info', 'float_repr_style', 'getcheckin
terval', 'getdefaultencoding', 'getdlopenflags', 'getfilesystemencoding', 'getpr
ofile', 'getrecursionlimit', 'getrefcount', 'getsizeof', 'gettrace', 'hexversion
', 'long_info', 'maxint', 'maxsize', 'maxunicode', 'meta_path', 'modules', 'path
', 'path_hooks', 'path_importer_cache', 'platform', 'prefix', 'ps1', 'ps2', 'py3
kwarning', 'pydebug', 'setcheckinterval', 'setdlopenflags', 'setprofile', 'setre
cursionlimit', 'settrace', 'stderr', 'stdin', 'stdout', 'subversion', 'version',
 'version_info', 'warnoptions']
>>> sys.path
['', '/usr/lib/python2.7', '/usr/lib/python2.7/plat-x86_64-linux-gnu', '/usr/lib
/python2.7/lib-tk', '/usr/lib/python2.7/lib-old', '/usr/lib/python2.7/lib-dynloa
d', '/usr/local/lib/python2.7/dist-packages', '/usr/lib/python2.7/dist-packages'
, '/usr/lib/python2.7/dist-packages/PILcompat', '/usr/lib/python2.7/dist-package
s/gtk-2.0', '/usr/lib/python2.7/dist-packages/wx-3.0-gtk2']
>>>
```

[그림 1-61 sys.path에 저장된 값]

여기에 "/home" 디렉토리를 추가하려고 한다. 그러기 위해서 먼저 dir(sys.path)을 통해 어떤 메소드들을 사용할 수 있는지 알아보자.

```
>>> dir(sys.path)
['__add__', '__class__', '__contains__', '__delattr__', '__delitem__', '__delslic
e__', '__doc__', '__eq__', '__format__', '__ge__', '__getattribute__', '__getitem
__', '__getslice__', '__gt__', '__hash__', '__iadd__', '__imul__', '__init__',
'__iter__', '__le__', '__len__', '__lt__', '__mul__', '__ne__', '__new__', '__reduc
e__', '__reduce_ex__', '__repr__', '__reversed__', '__rmul__', '__setattr__', '__
setitem__', '__setslice__', '__sizeof__', '__str__', '__subclasshook__', 'append'
, 'count', 'extend', 'index', 'insert', 'pop', 'remove', 'reverse', 'sort']
```

[그림 1-62 sys.path가 제공하는 변수와 메소드]

제공되는 메소드 중에서 append() 메소드를 활용하여 [그림 1−62]처럼 "/home" 디렉토리를 추가한 후, 다시 sys.path를 출력해 보면 마지막에 추가된 것을 볼 수 있다.

```
>>> dir(sys.path)
['__add__', '__class__', '__contains__', '__delattr__', '__delitem__', '__delslic
e__', '__doc__', '__eq__', '__format__', '__ge__', '__getattribute__', '__getitem
__', '__getslice__', '__gt__', '__hash__', '__iadd__', '__imul__', '__init__',
'__iter__', '__le__', '__len__', '__lt__', '__mul__', '__ne__', '__new__', '__reduc
e__', '__reduce_ex__', '__repr__', '__reversed__', '__rmul__', '__setattr__', '__
setitem__', '__setslice__', '__sizeof__', '__str__', '__subclasshook__', 'append'
, 'count', 'extend', 'index', 'insert', 'pop', 'remove', 'reverse', 'sort']
>>> sys.path.append('/home')
>>> sys.path
['', '/usr/lib/python2.7', '/usr/lib/python2.7/plat-x86_64-linux-gnu', '/usr/lib/
python2.7/lib-tk', '/usr/lib/python2.7/lib-old', '/usr/lib/python2.7/lib-dynload'
, '/usr/local/lib/python2.7/dist-packages', '/usr/lib/python2.7/dist-packages',
/usr/lib/python2.7/dist-packages/PILcompat', '/usr/lib/python2.7/dist-packages/gt
k-2.0', '/usr/lib/python2.7/dist-packages/wx-3.0-gtk2', '/home']
```

[그림 1-63 sys.path 모듈의 추가]

모듈을 사용하기 위한 두 번째 방법은 모듈로부터 특정 혹은 전체 메소드들을 불러온 후, 모듈의 변수나 메소드를 사용할 때는 모듈명을 붙이지 않고 메소드명만 사용하는 것이다. 불러들이는 방법은 아래와 같다.

```
from [모듈명] import *
from [모듈명] import [모듈메소드]
```

예로, [그림 1−64]과 같이 "from sys import path"로 불러올 경우 sys 라는 모듈명을 붙이지 않고 "path.append('/usr/var')"와 같이 간편하게 사용할 수 있다.

```
>>> from sys import path
>>> path.append('/usr/var')
>>> dir(path)
['__add__', '__class__', '__contains__', '__delattr__', '__delitem__', '__delslic
e__', '__doc__', '__eq__', '__format__', '__ge__', '__getattribute__', '__getitem
__', '__getslice__', '__gt__', '__hash__', '__iadd__', '__imul__', '__init__', '__
iter__', '__le__', '__len__', '__lt__', '__mul__', '__ne__', '__new__', '__reduc
e__', '__reduce_ex__', '__repr__', '__reversed__', '__rmul__', '__setattr__', '__
setitem__', '__setslice__', '__sizeof__', '__str__', '__subclasshook__', 'append'
, 'count', 'extend', 'index', 'insert', 'pop', 'remove', 'reverse', 'sort']
>>> path
['', '/usr/lib/python2.7', '/usr/lib/python2.7/plat-x86_64-linux-gnu', '/usr/lib/
python2.7/lib-tk', '/usr/lib/python2.7/lib-old', '/usr/lib/python2.7/lib-dynload'
, '/usr/local/lib/python2.7/dist-packages', '/usr/lib/python2.7/dist-packages',
'/usr/lib/python2.7/dist-packages/PILcompat', '/usr/lib/python2.7/dist-packages/gt
k-2.0', '/usr/lib/python2.7/dist-packages/wx-3.0-gtk2', '/home', '/usr/var']
>>>
```

[그림 1-64 from [모듈명] 사용]

위의 두 가지 방법은 어느 것이 좋다고 할 수 있는 것이 아니므로 프로그램 개발자가 본인이 편리한 방법을 선택해서 사용한다.

제2장

네트워크 기본 개념

TCP/UDP 네트워크 프로그래밍

TCP와 UDP 네트워크 프로그램을 작성할 수 있다.

2-1. 네트워크 기본 개념

2-2. TCP 네트워크 프로그래밍

2-3. UDP 네트워크 프로그래밍

2-1. 네트워크 기본 개념

이 책의 목적은 파이썬을 이용한 네트워크 해킹에 있다. 따라서 네트워크레 대한 기본 개념은 매우 중요하다. 하지만 네트워크 전문 도서가 아니므로, 네트워크에 대한 기본적인 지식과 후반부의 해킹에 필요한 사항만 알아두도록 하자.

1. 컴퓨터 네트워크(Network)

네트워크란 전 세계 곳곳에 흩어져 있는 컴퓨터들을 연결하여 상호 데이터를 주고받거나 작업할 수 있도록 해 주는 컴퓨터들의 연결망이다. 각 컴퓨터는 각 개인이 사용하고 있는 PC일 수도 있고, 여러 사람에게 웹이나 메일 등의 서비스를 제공해주기 위한 서버일 수도 있다. 이러한 컴퓨터들의 운영체제는 윈도우즈일 수도 있고 리눅스일 수도 있고 MAC OS일 수도 있다. 이렇게 다양한 컴퓨터들을 서로 단순히 케이블로 연결한다고 해서 통신할 수 있는 것이 아니다. 각 컴퓨터에는 네트워크를 사용하기 위한 하드웨어(보통 랜카드)가 장착되어 있어야 하며, 네트워크 상에서 컴퓨터를 식별하는 방법과 서로 다른 컴퓨터들이 대화하기 위한 규칙과 절차가 등이 필요하다. 이러한 규칙과 절차를 프로토콜(protocol)이라고 한다.

네트워크는 그 규모에 따라 LAN(Local Area Network), MAN(Metropolitan Area Network), WAN(Wide Area Network)으로 구분한다. LAN은 대략 동일 빌딩 안에 있는 컴퓨터들이 10MB~1GB인 고속의 토큰링(Token Ring)이나 이더넷(Ethernet)으로 연결되어 있다. MAN은 여러 개의 빌딩에 구축되어 있는 LAN들을 연결하여 LAN보다 더 넓은 지역에서 통신할 수 있는 망을 의미하며 WAN은 지역이나 국가에 구애받지 않고 통신할 수 있도록 연결된 망이다. 우리에게 많이 익숙한 용어는 LAN과 WAN일 것이다.

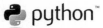

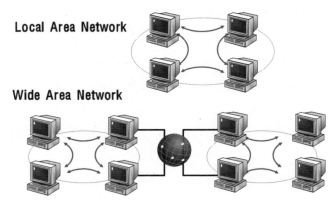

Local Area Network

Wide Area Network

[그림 2-1 LAN과 WAN 구성]

네트워크를 형성하고 통신하기 위해서는 매우 복잡한 과정을 거치는데, 1983년
국제표준화 기구인 ISO에서는 이러한 통신 과정에 대한 표준 모델을 제정하였다.
이 표준 모델은 계층(layer)이라고 불리는 7개의 단계로 구성된다. [그림 2-2]를
참고하여 각 계층에서 하는 일을 대략적으로 살펴보면 네트워킹을 위해서 대표적
으로 어떤 작업들이 필요한지를 짐작할 수 있다.

OSI 모델	계층별 기능	대표 프로토콜
7. 응용 계층 (Application Layer)	응용 및 사용자 지원, 사용자 인터페이스	e-mail, Telnet, FTP, HTTP, DHCP, DNS
6. 표현 계층 (Presentation Layer)	압축, 암호화, 응용 데이터 포맷 처리	TSL, SSL, MIME
5. 세션 계층 (Session Layer)	응용간 연결 관리, 응용간 통신 제어 등	NetBios, SAP
4. 전송 계층 (Transport Layer)	호스트간 데이터 전송, 오류 검사/복구, 흐름 제어	TCP, UDP
3. 네트워크 계층 (Network Layer)	라우팅과 스위칭, 패킷 순서 유지	IP, ARP, ICMP, IGMP
2. 데이터 링크 계층 (DataLink Layer)	프레임 동기화, 흐름 제어, 오류 검사	Ethernet, SLIP, PPP, L2TP
1. 물리 계층 (Physical Layer)	비트 스트림을 전기적/전자적 신호로 변환/전송	RS-232, USB, Bluetooth, 802.11a/b/g/n

(계층 좌측: 호스트 계층 - 7~4계층, 미디어 계층 - 3~1계층)

[그림 2-2 OSI 계층별 기능과 프로토콜]

컴퓨터 네트워크를 통한 통신은 일상생활에서의 택배 과정과 비교해 보면 이해가
쉽다. 우리는 가정에서 보내고자 하는 물건을 포장하고 보내는 사람과 받는 사람
의 연락처를 적어서 택배회사나 우체국에 맡긴 후, 전달과정을 신경 쓰지 않고
정확하고 안전하게 받는 사람에게 전달되기를 기대한다. 하지만 그 택배회사가

물건을 전달하기 위해서는 복잡한 과정을 거친다. 요즘 대부분의 업체들은 "배송 확인" 서비스를 제공하여 보내는 사람으로부터 어디를 거쳐 어디까지 도착했는지 확인할 수 있게 해주므로 그것을 통해 전달 과정을 간단하게나마 확인할 수 있다. 택배 상자를 보면, 보내는 사람과 받는 사람의 연락처 외에도 택배회사에서 종이 한 장을 덧붙이는 것을 볼 수 있다. 택배회사에서 분실 없이 책임감 있게 물건을 전달하기 위한 관리 정보이다.

택배에 비유하자면 [그림 2-3]처럼 나타낼 수 있다. (s-1)~(s-4)는 보내는 쪽에서의 작업 단계이다. 물론 실제는 포장을 겹겹이 다시 하지는 않지만 의미상의 흐름을 표현하였다. 포장과 주소는 네트워크에서 캡슐화와 헤더에 비유할 수 있다. (t)로 표시된 부분은 실제 버스/화물/기차 등을 이용한 전송단계를 나타낸다. (r-1)~(r-4)는 받는 쪽에서의 작업 단계이다. 보내는 쪽의 단계를 거꾸로 수행한다.

그것으로 끝나지 않고, 배송 확인 서비스에서 볼 수 있듯이 물건은 [그림 2-3]의 (t) 단계는 [그림 2-4]처럼 여러 집하장을 거쳐 배달되면서 이루어진다. 그 때마다 그 집하장은 물건의 분실이나 오배달이 없도록 필요한 정보들을 장부에 기록할 것이다. 전달과정에서 덧붙여진 정보들은 배달과정에서만 공유될 뿐 보내는 사람과 받는 사람은 신경 쓰지 않는다.

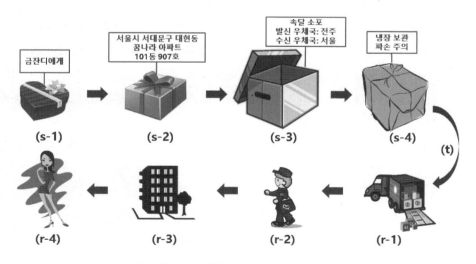

[그림 2-3 택배 재포장과 배달 절차]

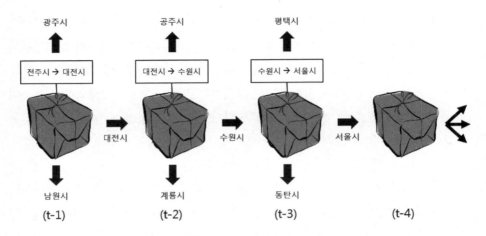

[그림 2-4 택배 집하장을 통한 배달 경로]

컴퓨터 네트워크도 마찬가지이다. 송신자가 보내는 데이터는 각 계층에서 정의된 역할에 따라 단계별로 데이터를 적절한 규모로 모으거나 나누어 포장하고 수신측에서 재조립할 수 있도록 필요한 정보를 추가 기입한다. 최종적으로 가공된 데이터를 케이블을 따라 상대방에게 전송한다. 수신자 측에서는 송신측에서 보낸 데이터 포장을 역순으로 풀면서 기입된 정보에 따라 적절하게 처리하여 재조립하고, 마지막 단계에서 송신자가 보낸 데이터를 수신자에게 전달한다. 이 때, 단계별로 추가되는 데이터는 헤더(header)라는 이름으로 데이터의 앞부분(뒷부분에도 추가되는 계층도 있다)에 추가된다. 또한 포장은 캡슐화(capsulation)라고 하며, 계층마다 그 단위와 명칭이 다르다. 즉, 전송계층의 단위는 세그먼트(segment) 혹은 데이터그램(datagram)이라고 하고, 네트워크 계층의 단위는 패킷(packet)이라고 하며, 데이터링크 계층의 단위는 프레임(frame)이라고 부른다. 그러나 계층과 상관없이 전송단위를 통칭하여 패킷이라고 부른다.

포장을 하게 되면 새로 정보를 기입해야 하듯이, 각 단위로 캡슐화를 하면 캡슐마다 번호를 붙이고 오류를 탐지하기 위한 정보를 추가한다.

[그림 2-5]는 송신측에서 이루어지는 헤더의 추가와 캡슐화 단계를 보여주며, [그림 2-6]은 수신측에서 이루어지는 헤더의 제거와 역캡슐화 단계를 보여준다.

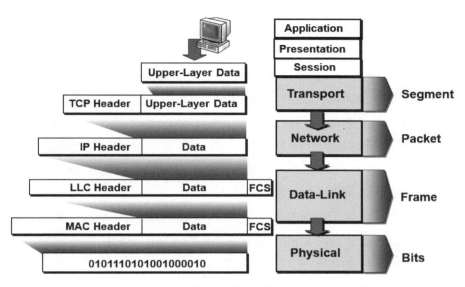

[그림 2-5 송신측의 계층별 헤더 추가와 캡슐화]

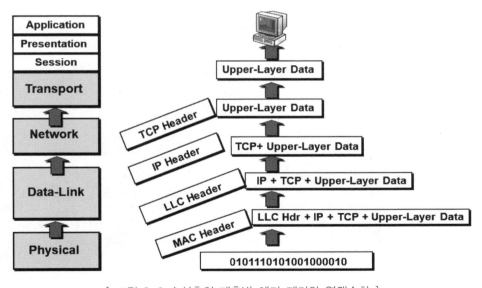

[그림 2-6 수신측의 계층별 헤더 제거와 역캡슐화]

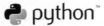
2. 인터넷(Internet)

인터넷은 Inter+Network의 합성어로서, 지역의 네트워크들을 연결하여 세계적
망을 형성한 대표적 WAN이다. [그림 2-7]에서 보는 바와 같이 각 네트워크들이
서로 연결되기 위해서는 3계층 장비인 라우터(router)로 연결되어야 한다. 물리적
으로 연결이 되었다고 하더라도, 서로 다른 언어를 가지는 나라의 사람들이 교류
를 하기 위해서는 세계 공통어가 필요하듯이 서로 다른 운영체제와 통신방식을
사용하는 각 네트워크가 서로 통신하기 위해서는 공통된 프로토콜을 지원해야 한
다. 인터넷을 통해 통신하려면 3계층과 4계층의 TCP/IP(Transmission Control
Protocol/Internet Protocol)라는 통신 프로토콜을 이용하여야 한다. TCP/IP 프로
토콜에 대해서는 이후에 좀 더 자세하게 알아보자.

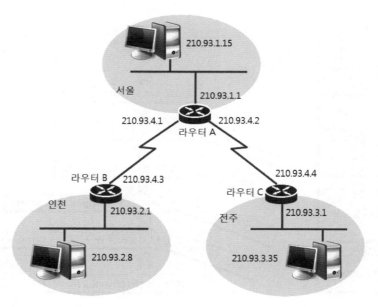

[그림 2-7 라우터로 연결된 인터넷 구성]

3. MAC(Machine Access Code)과 IP 주소(Internet Protocol Address)

컴퓨터가 인터넷에 연결되어 서로를 인식하고 통신하기 위해서는 고유의 식별자가 필요하다. 컴퓨터를 네트워크에 연결하기 위해서는 랜카드(LAN Card)라고도 불리는 네트워크 인터페이스 카드(Network Interface Card)가 장착되어 있어야 한다. 이 카드에는 제조사와 일련번호 등으로 구성된 48비트짜리 고유번호가 있는데, 이것을 MAC 이라고 한다. 이 번호는 카드를 제조할 때 부여된 물리적 주소로서 2계층 주소라고 한다.

TCP/IP 프로토콜을 이용하여 인터넷 통신을 할 때는 MAC이 아니라 3계층 주소인 IP 주소(Internet Protocol Address)를 사용해야 한다. IP주소는 컴퓨터가 가지는 세계에서 유일한 값이기는 하지만, 논리적 주소로서 변경이 가능하다. 단, 다른 컴퓨터가 사용하고 있는 주소는 할당할 수 없다. 만약, 다른 컴퓨터가 사용하고 있는 IP를 사용할 경우 충돌이 발생한다. 세계적으로 IP를 할당하고 관리하는 기구는 IANA(Internet Assigned Numbers Authority)로서 각국의 NIC(Network Information Center)에게 그 역할을 위임한다. 우리나라는 한국인터넷정보센터(KRNIC: KoRea NIC)에서 관리하고 있다.

IP주소는 매우 중요하므로, 좀 더 자세히 알아보자. IP 주소는 32비트를 사용하는 IPv4(Internet Protocol version 4)와 보안성을 강화하고 더 많은 컴퓨터를 지원하기 위해 확장된 128비트의 IPv6(Internet Protocol version 6)가 있다. 이 책에서는 현재 주로 사용하는 IPv4를 가지고 설명할 것이다.

윈도우즈 시스템의 경우, [시작] 버튼 혹은 윈도로고(●)를 누른 후 검색창에 "cmd"를 입력하면 명령어 창이 출력되는데, 여기서 아래와 같이 입력하면 [그림 2-8]과 같이 네트워크 장치별로 할당된 IPv4 주소를 확인할 수 있다.

```
C:\> ipconfig /all
```

```
C:\Windows\system32\cmd.exe
C:\Users\Win7_v1>ipconfig /all

Windows IP 구성

   호스트 이름 . . . . . . . . . . . : Win7_v1-PC
   주 DNS 접미사 . . . . . . . . . :
   노드 유형 . . . . . . . . . . . : 혼성
   IP 라우팅 사용. . . . . . . . . : 아니요
   WINS 프록시 사용. . . . . . . . : 아니요

이더넷 어댑터 로컬 영역 연결:

   연결별 DNS 접미사. . . . :
   설명. . . . . . . . . . . . . . : Intel(R) PRO/1000 MT Network Connection
   물리적 주소 . . . . . . . . . : 00-0C-29-9D-BD-A8
   DHCP 사용. . . . . . . . . . . : 아니요
   자동 구성 사용. . . . . . . . : 예
   링크-로컬 IPv6 주소 . . . . . : fe80::891:c35?:f???:f5?13<기본 설정>
   IPv4 주소. . . . . . . . . . . : 203.237.211.10<기본 설정>
   서브넷 마스크 . . . . . . . . : 255.255.255.0
   기본 게이트웨이 . . . . . . . : 203.237.211.1
   DHCPv6 IAID . . . . . . . . . : 234604137
   DHCPv6 클라이언트 DUID. . . : 00-01-00-01-22-D1-75-6B-00-0C-29-9D-BD-A8
   DNS 서버. . . . . . . . . . . : 203.237.6.2
   Tcpip를 통한 NetBIOS. . . . . : 사용

터널 어댑터 isatap.<43D22CEC-B045-4A59-917B-36F69D53DE6A>:

   미디어 상태 . . . . . . . . . : 미디어 연결 끊김
   연결별 DNS 접미사. . . . :
   설명. . . . . . . . . . . . . . : Microsoft ISATAP Adapter
   물리적 주소 . . . . . . . . . : 00-00-00-00-00-00-00-E0
   DHCP 사용. . . . . . . . . . . : 아니요
   자동 구성 사용. . . . . . . . : 예

터널 어댑터 6TO4 Adapter:

   연결별 DNS 접미사. . . . :
   설명. . . . . . . . . . . . . . : Microsoft 6to4 Adapter
   물리적 주소 . . . . . . . . . : 00-00-00-00-00-00-00-E0
   DHCP 사용. . . . . . . . . . . : 아니요
   자동 구성 사용. . . . . . . . : 예
   IPv6 주소 . . . . . . . . . . : 2002:cbed:d30a::cbed:d30a<기본 설정>
   기본 게이트웨이 . . . . . . . :
   DNS 서버. . . . . . . . . . . : 203.237.6.2
   Tcpip를 통한 NetBIOS. . . . . : 사용 안 함

C:\Users\Win7_v1>
```

[그림 2-8 윈도우즈 IP 주소 확인]

리눅스 시스템의 경우에는 윈도우즈 명령어와 약간 다르다. 아래와 같이 명령을
입력하면 [그림 2-9]와 같이 ip 주소(inet)와 서브넷마스크(netmask)가 출력되는
것을 볼 수 있다.

```
root@kali:/# ifconfig
```

```
                              root@kali: /                    ⊖  ▢  ⊗
 File  Edit  View  Search  Terminal  Help
root@kali:/# ifconfig
eth0: flags=4163<UP,BROADCAST,RUNNING,MULTICAST>  mtu 1500
        inet 203.237.211.10  netmask 255.255.255.0  broadcast 203.237.211.255
        inet6 fe80::20c:29ff:fe8a:b88c  prefixlen 64  scopeid 0x20<link>
        ether 00:0c:29:8a:b8:8c  txqueuelen 1000  (Ethernet)
        RX packets 159412  bytes 9946243 (9.4 MiB)
        RX errors 0  dropped 98  overruns 0  frame 0
        TX packets 4664  bytes 339188 (331.2 KiB)
        TX errors 0  dropped 0  overruns 0  carrier 0  collisions 0

lo: flags=73<UP,LOOPBACK,RUNNING>  mtu 65536
        inet 127.0.0.1  netmask 255.0.0.0
        inet6 ::1  prefixlen 128  scopeid 0x10<host>
        loop  txqueuelen 1  (Local Loopback)
        RX packets 6212  bytes 432840 (422.6 KiB)
        RX errors 0  dropped 0  overruns 0  frame 0
        TX packets 6212  bytes 432840 (422.6 KiB)
        TX errors 0  dropped 0  overruns 0  carrier 0  collisions 0
root@kali:/#
```

[그림 2-9 리눅스 IP 주소 확인]

32비트 IP를 표기하는 방법을 좀 더 자세히 알아보자. 32비트(4바이트)를 한 바이트(8비트)씩 0~255의 네 개의 숫자로 나타내고, 각 바이트 값을 "."으로 연결한다. 203.237.211.10을 예로 들면 [그림 2-10]과 같다.

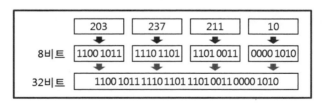

[그림 2-10 IPv4 주소 예]

우리가 사용하는 가정의 전화번호 체계를 보면 043-531-1234와 같은 구조를 갖는다. 043은 지역(충청북도), 531은 지역 내 세부 지역, 1234는 세부 지역 내 일련번호이다. 즉, 동일 지역에서는 동일한 지역번호를 사용하고 일련번호만 다르다. IP주소도 무작위로 할당하는 것이 아니라, 기관마다 연속된 IP 주소를 할당한다. IP 주소를 네트워크 ID와 호스트 ID로 구성하여, 동일한 네트워크에서는 네트워크 ID가 같고 호스트 ID만 다르게 할당한다. 각각이 차지하는 비트 길이에 따라 A, B, C, D, E클래스로 나뉜다. 비트 길이가 길면 나타낼 수 있는 숫자의 범위가 크다. 주소의 최상위 1~5비트는 주어진 주소가 어느 클래스인지를 구분하

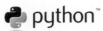

기 위하여 사용된다. [그림 2-11]에서 A클래스는 클래스 구분값이 0이고, 네트워크 ID가 7비트이며 호스트 ID가 24비트이다. 대규모의 지역(기관)에 할당하기 위한 클래스인데 호스트 ID가 7비트이기 때문에 이론적으로 128개의 기관에만 할당할 있으므로[1] 거의 사용되지 않는다. 대부분 C클래스가 사용되고 있으므로 예로서는 주로 C클래스 주소를 사용할 것이다. D클래스는 멀티캐스트용으로서 다른 용도로 사용되며, E클래스는 예비용이다.

C클래스 주소는 호스트 ID가 8비트이므로, 최대 255개의 호스트를 가지는 네트워크에서 사용된다.

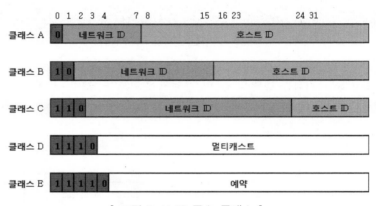

[그림 2-11 IP 주소 클래스]

윈도우즈의 경우, 네트워크에 관한 정보는 [그림 2-8]처럼 같이 명령어 창에서도 확인해 볼 수 있지만, 제어판의 네트워크 속성에서 TCP/IPv4의 속성을 선택하면 [그림 2-12]와 같은 화면에서도 확인할 수 있다. 두 그림을 비교하면서 확인해 보자. [그림 2-8]과 [그림 2-13]에서 보면 IP 주소 아래 서브넷 마스크(subnet mask)라는 것이 있는데, 예에서는 255.255.255.0으로 되어 있는 것을 볼 수 있다. 이를 이진수로 표시하면 [그림 2-12]와 같이 11111111.11111111.11111111.00000000과 같은데, 1로 표시된 부분이 IP주소의 네트워크 ID라는 뜻이 된다. 즉, 203.237.211.10 중에서 203.237.211 부분이 네트워크 ID이고, 10이 호스트 ID라는 뜻이다(클래스 C 주소를 사용한다는 것을 반영한다).

---

1) 7비트는 0~127까지 나타낼 수 있지만, 사실상 일부 주소는 사용하지 않거나 다른 용도로 사용하기 때문에 실제 사용할 수 있는 주소는 128개 보다 적다.

서브넷 마스크 아래에는 "기본 게이트웨이"라는 것도 볼 수 있는데, 이것은 내부 망을 외부망(인터넷)과 연결시키는 장비(컴퓨터나 네트워크 장비)의 IP 주소를 말한다.

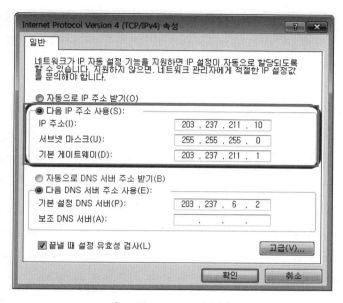

[그림 2-12 IP 속성]

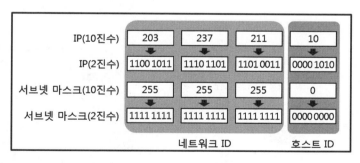

[그림 2-13 서브넷 마스크]

규모가 작지 않은 기업이나 학교 혹은 서버에는 컴퓨터마다 IP를 하나씩 할당받아 고정적으로 쓰는데, 이를 "고정 IP"라고 한다. 하지만 32비트 IP를 전 세계의 모든 컴퓨터가 사용하기에는 주소가 부족하기 때문에, 인터넷에 접속되어 있는 시간이 비교적 짧은 일반 가정에서는 서비스 업체(ISP: Internet Service Provider)를 통하여 "유동 IP"를 할당 받는다. 유동 IP는 가정에서 사용할 때마다 KRNIC

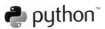
로부터 ISP가 할당받은 IP 중의 하나를 임의로 할당하는 것이다. 그래서 접속할 때마다 할당받은 IP가 다를 수 있다. 이를 "유동 IP"라고 한다. [그림 2-8]에서 "DHCP[2] 사용"이 "예"라고 되어 있으면 유동 IP를 사용한다는 의미가 된다. [그림 2-12]에서는 "자동으로 IP주소 받기"를 선택하면 유동 IP 사용하겠다는 뜻이 된다. 그럴 경우 "다음 IP주소 사용"이 선택해제가 되면서 IP주소와 서브 넷마스크 등의 값이 빈칸으로 설정된다.

또 공유기를 사용하여 하나의 IP를 여러 컴퓨터가 공유해서 사용할 수 있는데, 할당받은 IP는 공유기가 갖고, 공유기에 연결된 컴퓨터들은 내부 IP를 할당 받는다. 이 내부 IP는 공유기에 연결된 컴퓨터들끼리만 사용하는 IP이기 때문에 동일한 IP가 다른 공유기에서 재사용될 수 있다. [그림 2-14]에서 보는 바와 같이 내부 IP는 C 클래스에서 192.168.xxx.xxx 형태를 가진다. 공유기가 갖는 IP는 인터넷상에서 인식될 있으며 "공인(public) IP"라고 부르고, 공유기에 연결된 컴퓨터의 내부 IP는 "사설(private) IP"라고 부른다. IP 주소의 고갈로, 큰 규모의 기업이나 학교에서도 사설 IP를 많이 사용하기도 하는데, 이 책에서는 실험을 위한 테스트망을 구축하여, 192.168.xxx.xxx 대역의 IP를 사용하게 될 것이다.

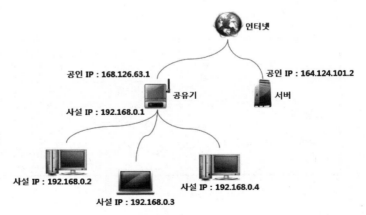

[그림 2-14 공인 IP와 사설 IP]

일부 IP는 사용되지 않거나 특수한 용도로 사용하는데, 한 예로서, 127.0.0.1은 실제 IP와 상관없이 자기 자신을 의미한다. 네트워크 통신 프로그램에서 IP를

---

2) DHCP : Dynamic Host Configuration Protocol의 약자로서, 동적으로 호스트(컴퓨터)의 IP를 할당하기 위한 프로토콜이다.

127.0.0.1로 지정할 경우 마치 원격 컴퓨터와의 통신처럼 자신과 통신하도록 프로그래밍할 수 있다.

4. 포트(Port) 번호

IP주소가 인터넷 상에서 내 컴퓨터를 식별할 수 있는 식별자 역할을 한다고 하였다. 그런데 하나의 컴퓨터에서 여러 개의 응용을 실행시켜 인터넷을 사용한다고 하는 경우를 생각해 보자. 웹 브라우저를 띄워 웹서핑도 하고 채팅창을 열어서 채팅도 하고 원격 서버에 접속도 한다. 동일한 IP 주소를 가지고 동일한 케이블을 통해 데이터를 송수신하기 때문에, 수신된 데이터가 어느 응용프로그램으로 연결되어야 하는지 구분할 수 있어야 한다.

오피스텔에 택배를 배달하기 위해서는 필요한 건물 주소 외에도 방번호가 추가적으로 필요하다. 네트워크에서는 포트번호를 사용하는데, IP 주소를 오피스텔 주소에 비유한다면 방번호에 해당하는 포트번호를 프로그램에 할당한다(그림 2-15).

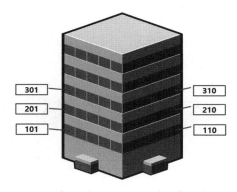

[그림 2-15 포트번호]

포트 번호는 실행 중인 여러 네트워크 프로그램을 구분하기 위해 부여된 16비트짜리 번호로서 0~65535 값을 가진다. 즉, 컴퓨터 상에서 동작하는 여러 개의 프로그램 중 어떤 것과 통신할지는 "포트번호"를 통해 지정된다. 기존의 프로그램에는 포트번호가 정해져 있다. 예를 들어서 HTTP(웹)는 80, FTP(파일전송)는 20번과 21번, TELNET(원격접속)은 23번 SMTP(메일)은 25번, POP3(메일)는 110번을

사용한다. 기타 사용자가 개발한 프로그램은 예약되지 않은 포트번호를 사용해야
만 기존 프로그램과 충돌이 발생하지 않는다.

5. 네트워크 연결 장비

규모가 큰 네트워크를 구성하기 위해서는 컴퓨터와 케이블뿐만 아니라 여러 장비
들이 필요하다. 케이블을 따라 전송되는 신호는 거리가 멀면 신호가 약해진다. 케
이블이 일정 거리 이상이 되면 약해진 신호를 증폭하여 재생해 주는 장비가 리피
터(repeater)이다. 이 리피터는 전송되는 신호를 해석하지는 않고 그저 신호를 재
생해주는 장비로서 1계층 장비라고 한다. 또 하나의 1계층 장비는 허브(hub)이다.
리피터와 다른 점은 연결 인터페이스(interface)가[3] 2개가 아닌 여러 개라는 점이
고, 한 인터페이스에서 들어온 신호를 나머지 다른 모든 인터페이스로 전달해 준
다는 것이다. 즉, [그림 2−16]에서 보는 바와 같이 만약 A가 G로 메지지를 보내
더라도 허브는 메시지의 발신지와 수신지 주소를 모르기 때문에 메시지가 들어온
인터페이스를 제외하고 B, C, D, E, F, G가 연결된 모든 인터페이스로 메시지를
전달한다. 각 컴퓨터에서 수신된 메시지의 수신자 주소가 자신의 것이 아니면 무
시한다. 이러한 보안상의 취약점으로 인하여 요즘은 거의 사용하지 않는다.

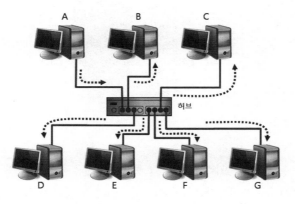

[그림 2−16 허브]

---

3) 일반적으로 포트(port)라고도 한다.

또 소규모 망을 서로 연결하기 위한 장비로서 브리지(bridge)가 있다. [그림 2-17]과 같이 LAN A과 LAN B가 연결되어 있다고 가정했을 때, 브리지는 LAN A인 LAN B내에서의 통신과 LAN A와 LAN B간의 통신을 인식하여, LAN A ⇔ LAN B 통신 메시지만을 전달하는 기능을 한다. 이를 위해서 브리지는 양쪽에 연결된 컴퓨터들의 물리 주소인 MAC 주소들을 기억하고 있다가, 메시지에 붙은 송수신 주소를 보고 전달할지 말지를 결정하게 된다. 브리지는 2계층 주소인 MAC을 이용하여 전달하는 장비로서 2계층 장비라고 한다. 또 하나의 2계층 장비는 스위치(switch)이다. 브리지와 다른 점은 연결 인터페이스가 2개가 아닌 여러 개라는 점과, 한 인터페이스에서 들어온 메시지가 들어오면 수신자 MAC주소 확인하여 해당 컴퓨터가 연결된 인터페이스로만 전달한다는 점이다(허브보다 안전한 장비인 이유이다). [그림 2-18]을 참조하기 바란다.

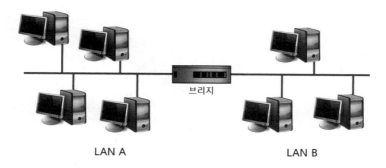

[그림 2-17 브리지]

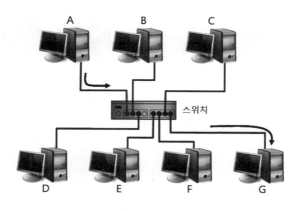

[그림 2-18 스위치]

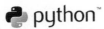

마지막으로 3계층 장비인 라우터(router)로서 WAN에서 필요한 네트워크 연결 장비이다. 라우터는 패킷의 헤더로부터 3계층 주소인 IP를 인식할 수 있다. 따라서 한 인터페이스로부터 패킷이 도달하면, 헤더로부터 수신 IP를 가진 컴퓨터에 가기 위한 인터페이스로 패킷을 전달한다. 라우터는 [그림 2-19]에서 보는 바와 같이 각 인터페이스는 각기 다른 IP주소를 가진다. [그림 2-12]에서 기본 게이트웨이 (gateway)는 자신의 망에서 외부 인터넷으로 연결시켜주는 라우터의 인터페이스에 할당된 IP주소를 말한다. 예로, [그림 2-19]에서 "서울"이라고 표시된 영역의 IP주소가 210.93.1.15인 컴퓨터가 연결된 라우터 A의 인터페이스의 IP 주소는 210.93.1.1 라고 되어 있는데, 이것이 210.93.1.15인 컴퓨터의 게이트웨이 주소가 된다. 보통 컴퓨터와 네트워크 ID는 같고 호스트 ID가 1이다.

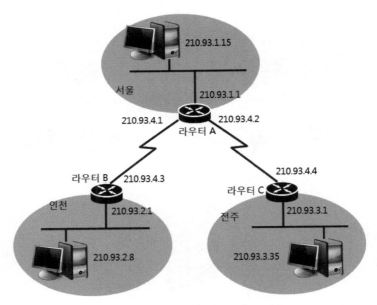

[그림 2-19 라우터와 게이트웨이]

6. TCP/IP 모델

가장 대표적인 인터넷 접속 프로그램은 인터넷 익스플로러(Internet Explorer), 크롬(Chrome) 등과 같은 웹브라우저(Web Browser)일 것이다. 우리가 웹브라우저를 통해 보고 있는 웹페이지는 사실상 웹서버에 저장되어 있다. 웹브라우저에 URL(Universal Resource Location)을 입력하면 해당 서버로 웹페이지 정보를 요청하게 되고, 서버가 요청한 웹페이지를 전송하면 웹브라우저가 이를 해석하여 사용자 화면에 출력해 준다. 이 때, 웹브라우저와 웹서버 간에 주고받는 데이터의 형식과 절차를 규정해 놓은 프로토콜이 HTTP(Hyper Text Transfer Protocol)이다.

"1. 네트워크 기본 개념"에서 설명한 바와 같이 네트워크 통신에 대하여 ISO가 OSI 7 계층 모델을 제시하였고, HTTP는 응용계층에 속한 프로토콜이다.

HTTP인 인터넷을 통해 통신하는 전형적인 프로토콜이므로 2.1절에서 기술한 바와 같이 TCP/IP 프로토콜을 사용한다. TCP와 IP는 OSI 7계층의 4계층과 3계층 프로토콜에 해당된다. ISO가 이상적인 7개 계층을 모델로 제시하였지만, 제시한 모델의 각 계층별로 프로토콜을 분리하여 구현하기는 현실적으로 불편하다. 실제 TCP/IP 프로토콜을 이용하는 프로그램들은 4계층으로 구성된 TCP/IP 모델을 사용하고 있다. [그림 2-20]은 TCP/IP 모델의 각 계층의 기능이 OSI 모델의 각 계층과 어떻게 대응되는지 보여준다.

OSI 7 Layer 모델	TCP/IP 모델
7. 응용 계층(Application Layer)	응용 계층(Application Layer)
6. 표현 계층(Presentation Layer)	
5. 세션 계층(Session Layer)	
4. 전송 계층(Transport Layer)	전송 계층(Transport Layer)
3. 네트워크 계층(Network Layer)	인터넷 계층(Internet Layer)
2. 데이터링크 계층(Data Link Layer)	네트워크 인터페이스 계층 (Network Interface Layer)
1. 물리 계층(Physical Layer)	

[그림 2-20 TCP/IP 모델과 OSI 7 Layer 모델]

① 응용계층(Application Layer)

사용자 응용 프로그램으로부터 요청을 받아서 이를 적절한 메시지로 변환하고 하위계층으로 전달하는 역할을 담당한다.

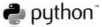
② 전송계층(Transport Layer)

전달하는 세그먼트(Segment)의[4] 오류를 검사하고 재전송을 요구하는 등의 제어를 담당하며, 메시지를 최종 목적지로 전달하는 역할을 담당한다.

③ 인터넷계층(Internet Layer)

네트워크에서 주소에 맞는 네트워크를 탐색하고 해당 컴퓨터가 받을 수 있도록 패킷(packet)을 전송하는 역할을 담당한다.

④ 네트워크 인터페이스계층(Network Interface Layer)

프레임(frame)을 물리적인 케이블을[5] 통해 전송하고 수신하는 역할을 담당한다.

7. 클라이언트(Client)와 서버(Server)

컴퓨터들이 네트워크를 통하여 통신할 때, 통신하는 개체의 역할에 따라 크게 서버−클라이언트 모델과 P2P(Peer−to−Peer) 모델로 구분할 수 있다. 클라이언트−서버 모델은 일대다(1:n) 통신 형태로서 하나의 서버와 여러 클라이언트로 구성된다. 클라이언트−서버 통신은 [그림 2−21]과 같이 항상 클라이언트가 먼저 통신을 요청(request)하고 서버가 이에 응답(response)하는 방식을 취한다. 보통 서버는 클라이언트에 비해 특정 기능을 수행할 수 있는 자원과 능력을 가지고 있으면서 클라이언트에게 서비스한다. 전형적인 예로서 웹서버는 서버이고, 사용자에게 웹페이지를 보여주는 웹브라우저는 클라이언트이다.

① 서버(Server) : 클라이언트의 작업(서비스) 요청에 따라 요청을 처리하고 그 결과를 클라이언트에게 전달하는 주는 개체

예) Apache 웹서버

---

4) 전송계층의 대표적 프로토콜은 TCP와 UDP가 있는데, TCP에서는 세그먼트라고 하고, UDP에서는 데이터그램(Datagram)이라고 한다.
5) WIFI와 같은 무선통신일 경우에는 케이블이 아니라 일정 주파수대의 무선 전파를 통해 송수신한다.

② 클라이언트(Client) : 서버에게 접속하여 작업(서비스)을 요청하고 그 작업의
결과를 처리하는 개체[6]

예) 인터넷 익스플로러(Internet Explorer), 크롬(Chrome), 파이어폭스
(FireFox)

Request : http://www.google.com

Response: index.html을 제공

[그림 2-21 HTTP 프로토콜]

이와는 대조적으로 P2P 통신에서는 대등한 관계를 가진다. 즉, 모든 개체가 서버
가 될 수도 있고 클라이언트가 될 수도 있다. 전형적인 예로서, 각자 자기가 가진
음악 파일 등을 공유할 수 있도록 해주는 프로그램들이 이 형태를 취한다. 내 파
일을 공유해 줄 때는 서버가 되고, 다른 컴퓨터의 파일을 가져올 때는 클라이언
트가 된다.

8. TCP(Transmission Control Protocol)와 UDP(User Datagram Protocol)

전송계층 프로토콜의 대표적인 프로토콜에는 TCP와 UDP가 있다. TCP는 UDP에
비해 신뢰성을 보장하는 프로토콜이고 UDP는 신뢰성을 보장하지는 못하지만 빠
른 속도를 지원하는 프로토콜이다.

TCP는 연결지향형(connection-oriented) 프로토콜이라고 분류한다. 사전에 예약
없이 식당에 가면 만석이거나 휴무일이어서 식사가 불가능할 수 있으므로, 중요한
식사는 "신뢰성"을 위해 예약이 필수이다. TCP 프로토콜에서 개체가 통신하기 위
해서는 3-way handshake 과정을 통해 연결을 확립(connection establishment)

---

6) 송수신하는 주체가 사람이라고 생각할 수도 있지만, 사실상 사람과의 인터페이스를 가지고
작업을 대행해 주는 소프트웨어이다.

한다. 연결을 원하는 개체(A)가 통신을 요청하고 상대방(B)이 응답하여 연결을 확정짓는데, 이 과정에서 상대방이 연결을 거절하면 통신이 불가능하게 된다. [그림 2-22]에서와 같이 A가 통신을 시작하자는 의미의 "SYN" 메시지를 B에게 보낸다. 통신이 가능할 경우에 B는 "SYN/ACK" 메시지를 A에게 응답한다. A가 다시 "ACK" 메시지를 B에게 보내면 서로 통신하기로 합의한 것으로 "연결상태"가 된다. 이 과정에서 일련번호를 서로 주고받으면서 잘못된 연결이 이루어지지 않도록 한다[7].

서버는 동시에 여러 클라이언트와 통신이 가능하다. 이 3-way handshake는 3단계로 이루어지기 때문에 한 클라이언트와 연결상태가 완성되기 전에 다른 클라이언트들이 연결을 요구할 수 있다. 즉, 여러 클라이언트와의 3-way handshake 메시지들이 서로 섞일 수 있다. 서버는 프로토콜이 순서대로 처리될 수 있도록 3-way handshake가 진행 중인 클라이언트들을 버퍼(buffer)에 기록해 두는데 이 버퍼를 백로그(backlog)라고 한다.

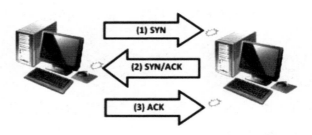

[그림 2-22 TCP 3-way handshake 과정]

신뢰성 있는 통신을 지원하기 위한 작업은 예약으로 끝나지 않고 데이터가 잘 도착했는지 일일이 확인한다. 연결이 확립된 상태가 되면 실제 데이터를 주고받는데, 앞에서 기술한 것처럼 사용자가 보내는 데이터는 여러 패킷으로 분할되면서 헤더가 붙게 된다. 따라서 사용자는 하나의 메시지를 보냈어도 실제 전송작업은 여러 번 일어날 수 있다. 분할된 패킷은 각각 다른 네트워크 경로를 이용하여 상대방에게 전달될 수 있는데, 이 때 패킷이 분실되거나 오류로 인하여 손상될 수

---

7) ACK나 SYN이란, TCP 세그먼트의 헤더에 있는 플래그 이름으로서, ACK 메시지나 SYN 메시지는 해당 플래그가 1로 설정되어 있는 메시지를 말한다. SYN/ACK 메시지는 SYN과 ACK 플래그가 모두 설정되어 있는 메시지이다.

있으므로 [그림 2-23]에서와 같이 TCP 프로토콜에서는 데이터 패킷을 수신한 수신자는 잘 받았다는 ACK 메시지를 송신자에게 보낸다. 송신자는 ACK 메시지를 받아야만 다음 패킷을 보낸다[8]. 만약 수신자가 받은 패킷에 오류가 있으면 송신자에게 재송신을 요구한다. 또한 송신자가 일정시간 기다려도 ACK 메시지가 오지 않으면 데이터 패킷이나 ACK 메시지가 분실되었다고 가정하고 다시 송신함으로써 신뢰성 있는 데이터 전송을 지원한다.

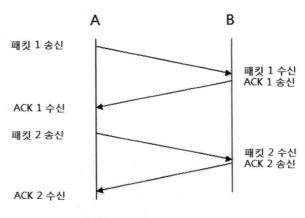

[그림 2-23 TCP의 신뢰성 있는 데이터 전송]

한편 UDP는 수시로 마트에 들르는 것과 같다. 일단 갔다가 쇼핑이 불가하면 다음에 다시 가면 된다. TCP는 분실되면 안 되는 중요한 데이터 전송에 사용하고, UDP는 일부 분실되어도 크게 문제가 되지 않는 데이터 전송에 사용된다. 네트워크 노드들이 자신의 상태를 다른 노드들에게 수시로 알리는 메시지 전송에 사용되거나(이번에 못 받으면 다음에 받으면 된다), 동영상(한 프레임이 빠진다고 해도 사람의 눈은 거의 인식하지 못한다) 전송에 사용된다. UDP는 3-way handshake 과정도 없으며, 데이터 패킷 수신에 대한 확인을 기다리고 재전송하지 않기 때문에 TCP에 비해 신뢰성은 떨어지지만 높은 전송속도를 보인다.

---

8) 실제로는 효율성을 위해 ACK을 받은 후에 패킷을 전송하지는 않고 더 개선된 방법을 사용한다.

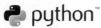

9. 소켓(Socket)

만약 통신 프로그램을 작성하려는 프로그래머가 앞에서 기술한 내용들을 다 구현 해야 한다면 난감한 일이다. 우리가 유선전화를 사용하기 위해서 통신케이블을 설치한다거나 하지 않고, 전화번호를 할당 받은 후 전화기를 사서 소켓에 꽂기만 하면 된다. TCP/IP를 통한 네트워크 통신 프로그램도 응용 프로그램과 TCP/IP 프로토콜과의 인터페이스 역할을 하는 소켓을 이용하면 된다[9]. 소켓은 소프트웨어로 작성된 통신 접속점이라고 할 수 있는데, 사실상은 일종의 라이브러리 함수 (메소드)로서 응용 프로그램에서 호출하여 사용한다.

[그림 2-24]는 세 개의 응용 프로그램이 각각 소켓을 통하여 TCP/IP를 공유하고 있는 것을 나타냈다.

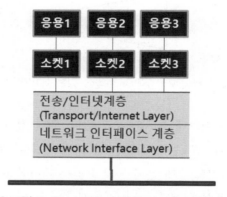

[그림 2-24 소켓을 이용한 TCP/IP 통신]

다음 절에서 클라이언트(client)와 서버(server) 프로그램을 경험하게 될 텐데, 이들 프로그램도 소켓을 사용한다. 소켓은 [표 2-1]과 같이 2가지 종류가 있는 데 그 용도가 다르다. Raw 소켓에 대해서는 4장에서 배우기로 하고, 여기서는 TCP와 UDP 소켓에 대해서 배워보자.

---

9) TCP/IP 프로그래밍을 소켓 프로그래밍이라고 부르는 이유이다.

[표 2-1 소켓(Socket)]

소켓	용도
TCP와 UDP 소켓	일반적인 클라이언트와 서버 프로그래밍에 사용
Raw 소켓	패킷 스니핑(Sinffing)과[10] 인젝션(Injection)[11] 등에 사용

---

10) 송수신되는 패킷을 불법적으로 도청하여 엿보는(sniffing) 공격 방법을 말한다.
11) 송수신되는 패킷을 조작하여 송수신자가 의도하지 않은 통신을 하도록 유도하는 공격
    방법을 말하며, 중간자 공격(MITM: Man In The Middle Attack)이나 서비스 거부 공격
    (DoS: Denial of Service) 등에 이용된다(5장 참고)

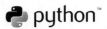

2-2. TCP 네트워크 프로그래밍

이제 보편적으로 사용하는 TCP 소켓을 활용한 클라이언트와 서버 프로그래밍에 대해서 알아보자. 앞에서 소켓 프로그래밍을 전화기와 비유했으니 앞으로도 전화 통신을 비교하면서 이해해 보자.

클라이언트는 서버에 접속하여 요청(request)하는 객체이고, 서버는 클라이언트의 요청에 대해서 응답(response)하여 서비스하는 객체이다. 그래서 서버의 전화번호(IP 주소)가 클라이언트들에게 공지되어 있어야 하고, 서버는 서비스할 준비를 마친 후 클라이언트가 연락해 오기를 대기해야 한다. 클라이언트는 서버처럼 전화번호를 공지할 필요는 없고 서버의 전화번호(IP 주소)는 알고 있어야 한다. 클라이언트가 서버에게 전화를 했을 때 받으면 되므로, 클라이언트 주소를 미리 알 필요가 없다. 그래서 클라이언트보다 서버가 준비할 일이 조금 더 많다.

이제 전화 통화와 비교하면서 소켓 통신의 단계를 알아보자. [표 2-2]는 서버와 클라이언트 프로그램에 단계별로 필요한 파이썬 메소드와 그 역할을 나타낸다.

[표 2-2 TCP 소켓 프로그램 동작 단계]

클라이언트				서버	
의미	메소드			메소드	의미
전화기를 준비하여 소켓에 연결	socket			socket	전화기를 준비하여 소켓에 연결
				bind	전화기에 전화번호 할당
				listen	고객 전화를 받을 준비
서버에 전화	connect	⇨		accept	전화벨이 울리기를 대기하다가 수화기를 들고 대화 허락
듣기	receive		⇦	send	말하기
말하기	send	⇨		receive	듣기
전화 끊기	close()			close()	전화 끊기

그러면, TCP 서버 프로그램에서의 메소드 호출을 좀 더 자세히 알아보자.

① 소켓 모듈을 import한 후, 소켓 메소드(socket.socket)를 호출하여 소켓 인
  스턴스를 생성한다. 이 때 사용할 IP주소 체계와 통신 프로토콜을 정해 주
  어야 하는데, 아래 예는 IPv4와 TCP를 사용하는 소켓을 생성한 것이다. 생
  성된 소켓의 이름은 "sock"로 명명하였다. 사용자가 지정하는 변수명이나
  상수는 이탤릭체로 표시하였다.

```
import socket
s_sock = socket.socket(socket.AF_INET, socket.SOCK_STREAM)
```

  - sock.AF_INET : IPv4 주소를 사용한다는 옵션
  - sock.SOCK_STREAM : 전송계층의 프로토콜로서 TCP를 사용한다는 옵션

② 생성된 소켓 인스턴스에 서버의 IP 주소와 서비스 포트번호를 연결한다.

```
s_sock.bind(("127.0.0.1", 12345))
```

  - 127.0.0.1 : 서버의 IP주소. 프로그램이 실행되고 있는 컴퓨터를 의미
  - 12345 : 통신에 사용할 포트번호, 다른 프로그램이 사용하지 않는 번호를
    할당해야 함

③ 여러 클라이언트가 접속할 수 있도록 백로그(backlog)를 준비한다.

```
s_sock.listen(2)
```

  - 2 : 백로그 크기[12]

④ 클라이언트가 연결요청 하기를 무한대기 한다. 클라이언트의 연결요청이 들
  어오면 서버 소켓이 클라이언트와 연결되면서 클라이언트 정보를 가져온다.

---

12) 백로그가 작을 경우 해커가 공격에 악용할 수 있으므로, 실제로는 크게 설정하는 것이
   좋다.

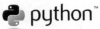

게으른 해커의 쉽게 배우는 **파이썬 해킹 프로그래밍**

```
client, (c_ip, c_port) = s_sock.accept()
```

- client : 연결을 요청한 클라이언트 소켓(객체)
- (c_ip, c_port) : 클라이언트의 IP주소와 포트번호로 이루어진 튜플

⑤ 클라이언트 소켓을 통하여 해당 바이트 수(1024) 만큼 데이터를 수신한다.

```
data = client.recv(1024)
```

- data : 클라이언트 소켓으로부터 받은 데이터를 저장할 변수
- 1024 : 클라이언트 소켓으로부터 받을 데이터의 최대 크기

⑥ 소켓에 연결된 클라이언트로 데이터를 보낸다.

```
client.send("Welcome~!")
```

- Welcome~! : 클라이언트 소켓을 통하여 클라이언트에게 전송할 데이터

⑦ 소켓과 연결된 클라이언트 소켓의 사용을 중단함으로써 연결을 종료한다[13].

```
client.close()
s_sock.close()
```

서버 프로그래밍 순서를 살펴보았으니 이제 클라이언트 프로그래밍 순서를 알아보자.

① 서버와 통신할 소켓 인스턴스를 생성한다. 생성 방법은 서버와 같다.

```
import socket
c_sock = socket.socket(socket.AF_INET, socket.SOCK_STREAM)
```

---

13) 전화통화에 비유하자면, 통화만 끊는 것이 아니라 전화기 자체를 폐기하는 것과 같아서 다시 통신하려면 소켓부터 다시 생성해야 한다.

② 생성한 소켓을 이용하여 통신하고자 하는 서버와 연결을 시도한다.

```
c_sock.connect(("127.0.0.1", 12345))
```

- 127.0.0.1 : 연결하고자 하는 서버의 IP 주소. 서버와 클라이언트 프로그램이 동일한 컴퓨터에서 작동되는 경우에만 127.0.0.1 사용. 원격의 서버인 경우 서버에서 지정한 IP 주소 사용
- 12345 : 서버가 통신에 사용할 포트번호(서버에서 정한 값과 동일해야 함)

③ 소켓을 통하여 연결된 서버로 데이터를 보낸다.

```
c_sock.send("Hi, Server~!")
```

- Hi, Server~! : 서버 소켓을 통하여 서버에게 전송할 데이터

④ 소켓을 통하여 서버가 보낸 데이터를 수신한다.

```
data = c_sock.recv(1024)
```

- data : 서버 소켓으로부터 받은 데이터를 저장할 변수
- 1024 : 서버 소켓으로부터 받을 데이터의 최대 바이트 크기

⑤ 소켓의 사용을 중단함으로써 연결을 종료한다.

```
c_sock.close()
```

앞에서 공부한 서버와 클라이언트 프로그램을 단계별로 실행시켜서 통신을 확인해 보자. 2개의 대화창(쉘)을 열어서 서버와 클라이언트 함수를 단계별로 실행시키자. 여기서 주의할 점은, 서버가 먼저 통신 준비를 완료한 다음에야 클라이언트가 연결할 수 있으며, 상대방이 데이터를 보내야만 다른 상대가 데이터를 수신할 수 있다는 것이다.[14] 아래 실행 예를 살펴보면, 명령어 사이에 빈 줄들이 있는 것

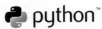

을 볼 수 있는데 상대방이 필요한 작업을 완료할 때까지 대기하는 것을 표시한 것이다.

[서버]	[클라이언트]
```\n>>> import socket\n>>> s_sock =\nsocket.socket(socket.AF_INET,\nsocket.SOCK_STREAM)\n>>> s_sock.bind(("127.0.0.1",12345))\n>>> s_sock.listen(2)\n>>> (client,(c_ip, c_port)) =\ns_sock.accept()\n>>> client\n<socket._socketobject object at\n0x03277298>\n>>> c_ip\n'127.0.0.1'\n>>> c_port\n50063\n>>> client.send("Welcome~!")\n12\n\n\n>>> client.recv(1024)\n'Hi, Server~!'\n>>> client.recv(1024)\n'\xbe\xc8\xb3\xe7\xc7\xcf\xbc\xbc\xbf\xe4!'\n>>> client.send("누구세요?")\n9\n\n\n>>> client.close()\n>>> s_sock.close()\n```	```\n>>> import socket\n>>> c_sock =\nsocket.socket(socket.AF_INET,\nsocket.SOCK_STREAM)\n>>> c_sock.connect(("127.0.0.1",12345))\n\n\n\n\n\n\n\n\n\n\n>>> c_sock.recv(1024)\n'Welcome~!'\n>>> c_sock.send("Hi, Server~!")\n12\n>>> c_sock.send("안녕하세요!")\n11\n\n\n\n>>> print c_sock.recv(1024)\n누구세요?\n\n>>> c_sock.close()\n```

표의 서버쪽에서 "50063¹⁵⁾", 그리고 "'\xbe\xc8\xb3\xe7\xc7\xcf\xbc\xbc\xbf\xe4!'¹⁶⁾" 부분, 클라이언트쪽에서 "Hi, Server~!")¹⁷⁾" 및 "안녕하세요!")¹⁸⁾" 부분에 각주 번호가 있다.

---

14) 서버가 준비되기 전에 클라이언트를 실행시켜도 보고, 상대방이 메시지를 보내기 전에 수신 함수를 실행해서 그 결과를 확인해 보기 바란다.

15) 연결된 클라이언트의 IP주소와 포트번호(클라이언트가 지정하지 않고, 시스템이 자동 할당)

16) 한글은 한 글자당 2바이트로서 한 바이트씩 16진수로 표시된다. "print" 문을 이용하면

쉘 대화창에서 통신을 단계별로 확인했으니, 이제 에디터로 공부한 내용을 활용
하여 프로그램을 작성해 보자.

TCPServer.py

```
import socket

s_ip = "127.0.0.1"        # Server address
s_port = 12345            # Port of Server

s_sock = socket.socket(socket.AF_INET, socket.SOCK_STREAM)
s_sock.bind((s_ip, s_port))            # bind server address
s_sock.listen(2)

client, c_addr = s_sock.accept()     # c_addr : client's (ip, port)
print c_addr, " is connected."

client.send("Thank you for connecting")
print "Received data from client : ", client.recv(1024)

client.close()
s_sock.close()
```

한글로 표시된다.
17) 연속해서 두 번 전송한 다음, 서버에서 수신하고 결과를 확인해 보면 두 메시지(입력 버
퍼에 쌓여 있는 1024바이트 이하)를 한꺼번에 읽어 들이는 것을 볼 수 있다.
18) 한글의 한 글자는 2바이트씩 차지한다.

TCPClient.py

```python
import socket

s_ip = "127.0.0.1"
s_port = 12345

c_sock = socket.socket(socket.AF_INET, socket.SOCK_STREAM)
c_sock.connect((s_ip, s_port))

print "Received data from server : ", c_sock.recv(1024)
c_sock.send("Hello, TCP Server")

c_sock.close()
```

Exam : TCP Echo 클라이언트/서버 프로그램 작성

Instruction	TCP echo 서버 프로그램 작성

클라이언트에서 보내는 데이터를 출력한 후 받은 데이터를 그대로 클라이언트
에 보내주는 echo 서버를 만드시오. 단, 서버는 클라이언트의 데이터를 무한
반복하면서 대기한다.

[힌트]

```
while [          ] :              # 반복 조건

    data = [          ]          # 클라이언트로부터 수신한 데이터 저장

    print [          ]           # 수신한 데이터 출력

    client.send( [          ] )   # 수신한 데이터를 다시 클라이언트로 송신
```

Instruction TCP echo 클라이언트 프로그램 작성

키보드에서 서버로 보낼 데이터를 읽어서 그대로 서버에게 보내주는 echo 클라이언트를 만들고 동작을 확인하시오. 클라이언트는 이 동작을 무한 반복하도록 한다.

[힌트]

```
while _____ :          # 무한 반복 조건
    inputData = _____  # 키보드에서 전송할 데이터를 받아 저장
    c_sock.send( _____ ) # 읽은 데이터를 서버로 송신
    print _____        # 서버로부터 되돌려 받은 데이터를 출력
```

TCPEchoServer.py

```
import socket

s_ip = "127.0.0.1"
s_port = 12345

s_sock = socket.socket(socket.AF_INET, socket.SOCK_STREAM)
s_sock.setsockopt(socket.SOL_SOCKET, socket.SO_REUSEADDR, 1)19)
s_sock.bind((s_ip, s_port))
s_sock.listen(2)

client, c_addr = s_sock.accept()
print c_addr, "Now Connected"

data = "dummy"

while len(data):
        data = client.recv(1024)
        print "Receiving Data : ", data
        client.send(data)
client.close()
s_sock.close()
```

TCPEchoClient.py

```python
import socket

s_ip = "127.0.0.1"
s_port = 12345

c_sock = socket.socket(socket.AF_INET, socket.SOCK_STREAM)
c_sock.connect((s_ip, s_port))

while True:
        inputData = raw_input("Enter string : ")
        c_sock.send(inputData)
        print c_sock.recv(1024)

c_sock.close()
```

---

19) 소켓을 종료해도 해당 포트가 일정 시간동안 서버에게 묶여있어 포트 할당이 안 되기 때문에, 연속해서 동일 포트를 사용하는 프로그램을 실행하면 오류가 난다. 이를 해결하기 위해 포트를 재사용한다는 옵션이다.

2-3. UDP 네트워크 프로그래밍

이제 UDP 네트워크 프로그래밍에 대해서 알아보자. 앞에서 설명한 대로 UDP 통신은 TCP 통신에 비해 간단하다. 서버는 listen을 통하여 백로그를 준비하거나 accept를 통하여 클라이언트의 통신을 대기하지 않는다. 클라이언트 역시 connect를 통하여 서버와 통신을 예약하지 않고 바로 데이터를 송신한다[20]. UDP 소켓 프로그램 단계별 메소드는 [표 2-3]과 같다.

[표 2-3 UDP 소켓 프로그램 동작 단계]

클라이언트				서버	
의미	메소드			메소드	의미
전화기를 준비하여 소켓에 연결	socket			socket	전화기를 준비하여 소켓에 연결
말하기	sendto	⇨		recvfrom	듣기
듣기	recvfrom	⇦		sendto	말하기
전화 끊기	close()			close()	전화 끊기

UDP 서버 프로그래밍에 사용되는 메소드를 살펴보자.

① 소켓 모듈을 불러와서 소켓 메소드(socket.socket)를 사용하여 소켓을 생성한다. TCP통신 프로그램과 유사하지만 사용할 프로토콜을 UDP로 설정한다.

```
import socket
s_sock = socket.socket(socket.AF_INET, socket.SOCK_DGRAM)
```

- sock.AF_INET : IPv4 주소를 사용한다는 옵션
- sock.SOCK_DGRAM : 전송계층의 프로토콜로서 UDP를 사용한다는 옵션

② 생성된 소켓 인스턴스에 서버의 IP 주소와 서비스 포트번호를 연결한다.

20) 만약 상대방이 수신할 준비가 되어 있지 않으면 데이터가 손실될 수 있다.

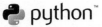

```
s_sock.bind(("127.0.0.1", 12376))
```

- 127.0.0.1 : 프로그램이 실행되고 있는 컴퓨터의 IP 주소
- 12376 : 통신에 사용할 포트번호, 다른 프로그램이 사용하지 않는 번호를
  할당해야 함

③ 생성된 서버 소켓을 통하여 해당 바이트 수(1024) 만큼 수신한다.

```
data, c_addr = s_sock.recvfrom(1024)
```

- data : 클라이언트로부터 수신한 데이터를 저장할 변수
- c_addr : 데이터를 보낸 클라이언트 ip와 포트 번호를 저장할 튜플 변수
- 1024 : 서버 소켓으로부터 받을 데이터의 최대 바이트 크기

④ 서버 소켓을 통하여 클라이언트의 해당 포트로 메시지를 보낸다.

```
s_sock.sendto("Hi, there!", (c_addr)
```

- Hi, there! : 상대방에게 전송할 데이터
- c_addr : 데이터를 보냈던 클라이언트 주소

⑤ 연결을 종료한다.

```
s_sock.close()
```

UDP 클라이언트 프로그래밍 순서는 다음과 같다.
① 소켓 모듈을 불러와서 소켓 메소드(socket.socket)를 사용한다.

```
import socket
c_sock = socket.socket(socket.AF_INET, socket.SOCK_DGRAM)
```

② 소켓을 통하여 해당 IP주소를 가진 서버의 포트로 메시지를 보낸다.

```
c_sock.sendto("Hello, server!", ("127.0.0.1", 12376))
```

- Hi, server! : 상대방에게 전송할 데이터
- 127.0.0.1 : 서버의 IP 주소
- 12376 : 서버가 사용할 포트번호

③ 소켓을 통하여 해당 바이트 수(1024) 만큼 수신한다.

```
data, s_addr = s_sock.recvfrom(1024)
```

- data : 서버로부터 수신한 데이터를 저장할 변수
- s_addr : 서버와 ip와 포트 번호를 저장할 튜플 변수
- 1024 : 서버 소켓으로부터 받을 데이터의 최대 바이트 크기

④ 연결을 종료한다.

```
c_sock.close()
```

위의 내용을 통합하여 UDP 서버(Server)와 클라이언트(Client)를 구성하면 다음과 같다.

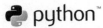
[서버]	[클라이언트]

`>>> import socket`
 	
`>>> s_ip = "127.0.0.1"`
`>>> s_port = 12376`
 	
`>>> s_sock =`
`socket.socket(socket.AF_INET,`
`socket.SOCK_DGRAM)`
 	
`>>> s_sock.bind((s_ip, s_port))`
 	
`>>> data, c_addr =`
`s_sock.recvfrom(1024)`
 	
`>>> print "client addr:", c_addr`
`client addr: ('127.0.0.1', 59306)`
`>>> print "data:", data`
`data: Hello, Server!`
 	
`>>> s_sock.sendto("Hi, there!",`
`c_addr)`
`10`
 	
`>>> s_sock.close()`
	`>>> import socket`
	
	`>>> s_ip = "127.0.0.1"`
	`>>> s_port = 12376`
	
	`>>> c_sock =`
	`socket.socket(socket.AF_INET,`
	`socket.SOCK_DGRAM)`
	
	`>>> c_sock.sendto("Hello,`
	`Server!", (s_ip, s_port))`[21]
	`14`
	
	`>>> data, s_addr =`
	`c_sock.recvfrom(1024)`
	
	`>>> print "server addr:", s_addr`
	`server addr: ('127.0.0.1', 12376)`[22]
	`>>> print "data:", data`
	`data: Hi, there!`
	
	`>>> c_sock.close()`

---

21) TCP 예제에서처럼 클라이언트에서 2번 연속해서 데이터를 보낸 다음, 서버에서 데이터를 수신해 보자. TCP와 달리 첫 번째 데이터만 수신하는 것을 알 수 있다. 다시 수신해야만 두 번째 데이터가 수신된다.

UDPServer.py

```
# -*- coding: cp949 -*- 23)

import socket

s_ip = "127.0.0.1"
s_port = 12376

s_sock = socket.socket(socket.AF_INET, socket.SOCK_DGRAM)
s_sock.bind((s_ip, s_port))

s_sock.settimeout(5)                    # 5초 동안 대기 후 종료

data, c_addr = s_sock.recvfrom(1024)    # 데이터와 클라이언트 주소

print "Received from", c_addr
print "Obtained ", data

s_sock.close()
```

UDPClient.py

```
# -*- coding: cp949 -*-

import socket

s_ip = "127.0.0.1"
s_port = 12376

c_sock = socket.socket(socket.AF_INET, socket.SOCK_DGRAM)

c_sock.sendto("Hi, server!", (s_ip, s_port))

c_sock.close()
```

---

22) 설정한 서버 IP와 포트번호가 같다는 것을 확인할 수 있다.
23) 한글을 사용할 경우 발생하는 인코딩 오류를 해결하기 위한 것이다.

게으른 해커의 쉽게 배우는 **파이썬 해킹 프로그래밍**

Exam : UDP Echo 클라이언트/서버 프로그램 작성

Instruction	UCP echo 서버 프로그램 작성

클라이언트에서 보내는 데이터를 출력한 후 받은 데이터를 그대로 클라이언트에 보내주는 echo 서버를 만드시오. 단, 서버는 클라이언트가 보내는 데이터가 "bye!" 일 경우에 종료한다.

[힌트]

```
while _____ :              # 반복 조건
    data, c_addr = _____   # 클라이언트로부터 수신한 데이터 저장
    print _____            # 수신한 데이터 출력
    s_sock.sendto(_____)   # 수신한 데이터를 다시 클라이언트
                                 #   로 송신
```

Instruction	UDP echo 클라이언트 프로그램 작성

키보드에서 서버로 보낼 데이터를 읽어서 그대로 서버에게 보내주는 echo 서버와 클라이언트를 만들고 동작을 확인하시오. 단, 입력된 데이터가 "bye!" 일 경우에는 서버에 송신한 후 종료한다.

[힌트]

```
while _____ :              # 무한 반복 조건
    inputData = _____      # 키보드에서 전송할 데이터를 받아
                                 #   저장
    c_sock.sendto(_____)   # 읽은 데이터를 서버로 송신
    print _____            # 서버로부터 되돌려 받은 데이터
                                 #   를 출력
```

UDPEchoServer.py

```
import socket

s_ip = "127.0.0.1"
s_port = 12404

s_sock = socket.socket(socket.AF_INET, socket.SOCK_DGRAM)
s_sock.setsockopt(socket.SOL_SOCKET, socket.SO_REUSEADDR, 1)
s_sock.bind((s_ip, s_port))

data, c_addr = s_sock.recvfrom(1024)

while data != "bye!" :
    print "Received from", c_addr
    print "Obtained ", data
    print
    s_sock.sendto(data, c_addr)
    data, c_addr = s_sock.recvfrom(1024)

s_sock.close()
```

UDPEchoClient.py

```
# -*- coding: cp949 -*-

import socket

s_ip = "127.0.0.1"
s_port = 12404

c_sock = socket.socket(socket.AF_INET, socket.SOCK_DGRAM)

inputData = raw_input("Enter string : ")
c_sock.sendto(inputData, (s_ip, s_port))

while inputData != "bye!" :
```

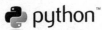
```
        data, addr = c_sock.recvfrom(1024)    # 데이터와 클라이언트 주소
                                                 수신

        print "Echoed data : ", data
        inputData = raw_input("Enter string : ")
        c_sock.sendto(inputData, (s_ip, s_port))

c_sock.close()
```

제3장

GNS3를 이용한 실습 네트워크 구성

GNS3를 이용한 실습 네트워크 망 구성

GNS3를 이용해 실습 네트워크 망을 구성할 수 있다.

3-1. GNS3란

3-2. GNS3 설치 후 사용 방법

3-3. GNS3를 이용한 가상 실습망 구축

3-4. VirtualBox를 이용한 실습망 구축

3-5. Vmware를 이용한 실습망 구축

3-1. GNS3란

GNS3는 오픈소스 소프트웨어로서 네트워크나 정보보안을 공부하는 학생들에게 유용한 프로그램이다. [그림 3-1]처럼 스위치와 PC 또는 서버를 직접 구축하여 파이썬 프로그램이나 정보보안에 관련된 실습을 하는 것은 처음 공부를 시작하는 독자들에게는 어려운 일이다. 3대 이상의 컴퓨터를 준비해야하고 고가의 스위치를 준비해야하기 때문이다. 이러한 어려움을 해결할 수 있는 방법 중에 하나가 GNS3를 이용하는 것이다. GNS3는 가상 네트워크를 구성하고 서버나 방화벽 등을 연결하여 다양한 네트워크 망을 구성할 수 있다.

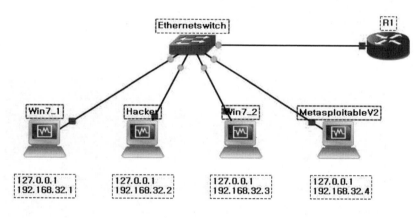

[그림 3-1 GNS3를 이용해 만들 실습망]

자 그럼 지금부터 GNS3를 설치하도록 하자. 설치파일은 http://www.gns3.com에서 회원 가입 후 다운받을 수 있다.

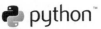

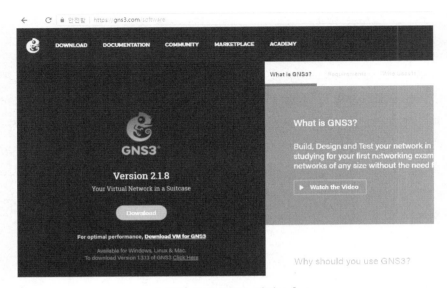

[그림 3-2 GNS3 사이트]

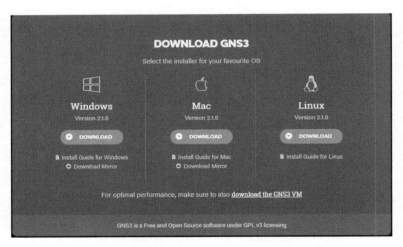

[그림 3-3 GNS3 다운로드 화면]

GNS3는 3가지 운영체제를 지원하는데 윈도우 버전, Mac, linux 버전이 있다. 우리는 윈도우 버전을 다운받아 설치할 것이다. 현재까지 최신 버전은 2.1.8 버전이고 6개월에서 1년 간격으로 계속 업데이트 되고 있다. 설치는 [그림 3-4] 과정처럼 다운로드 받은 파일을 next만 클릭하면 에러 없이 설치가 가능하다. [그림 3-5]부터 next 단계가 많아서 중요한 부분만 캡처한 것이다.

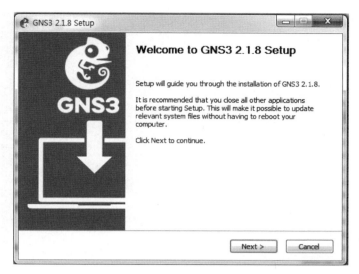

[그림 3-4 설치 1단계]

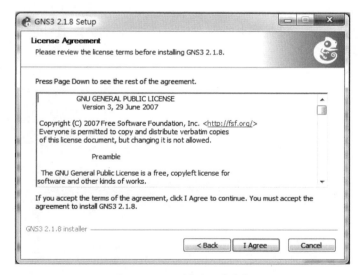

[그림 3-5 설치 2단계]

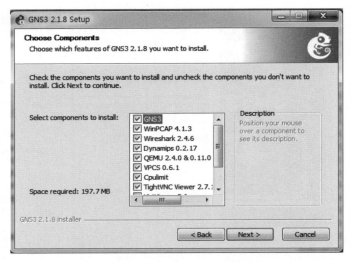

[그림 3-6 설치 3단계]

[그림 3-6]을 보면 Components 선택하는 화면이 나온다. GNS3을 활용할 때 모두 사용되는 프로그램들이다. 모두 선택하고 Next 버튼을 클릭한다.

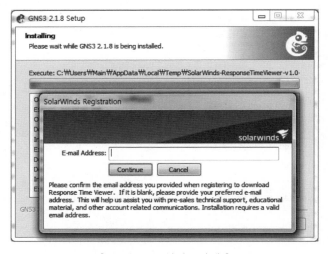

[그림 3-7 설치 4단계]

[그림 3-7]은 GNS3를 설치할 때 같이 설치되는 SolarWinds라는 프로그램이 있다. SolarWinds 사용에 관한 E-mail 등록 부분인데 E-mail 형식으로 test@test.com(예) 만 입력해도 무관하다. 반드시 본인이 사용하는 E-mail을 등록할

필요는 없다. Continue를 클릭한다.

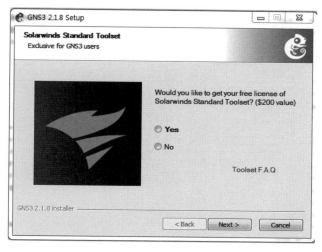

[그림 3-8 설치 5단계]

[그림 3-8]은 Solarwinds Toolset에 관한 창인데 No를 선택하고 Next를 클릭한다.

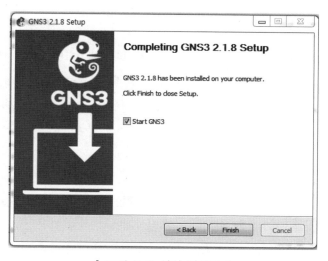

[그림 3-9 설치 마무리]

드디어 설치가 마무리 되었다. 특별한 사항이 없다면 무난하게 설치는 마무리 될
것이다.

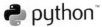

3-2. 설치 후 사용방법

[그림 3-10]은 설치된 화면이다.

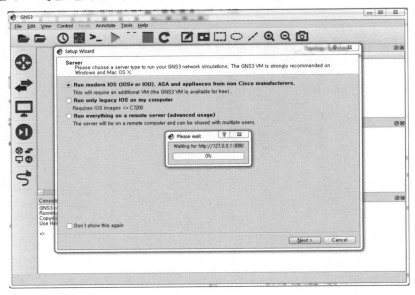

[그림 3-10 설치 후 서버 선택]

GNS3는 Graphic Network Simulation의 약어다. 해석하면 그래픽 네트워크 시뮬 레이션이다. 네트워크를 가상으로 구성할 수 있다는 뜻이다. 가상의 네트워크를 구성하려면 라우터나 스위치의 IOS[24] 이미지를 구해서 직접 연결해 줘야 한다. [그림 3-10]은 GNS3를 설치 후 사용시 GNS3를 구동하는 서버를 선택하는 화면 이다.

Server 프로그램의 종류는 3가지가 있다. 우리는 두 번째 서버 Run only legacy IOS on my computer를 선택하고 로컬상태에서 서버를 운영할 것이다. 나머지 2개는 모두 네트워크로 구성되는 운영방식이다. GNS3는 첫 번째 운영방식을 권 장하나 간단한 망 구성을 할 것이므로 두 번째 운영방식을 선택해도 무방하다. 따라서 두 번째 버튼을 클릭 후 next 하도록 하자.

---

24) 시스코 IOS(Cisco Internetwork Operating System)는 시스코 시스템즈의 대부분의 라 우터와 현행 모든 스위치에 사용되고 있는 소프트웨어이다.

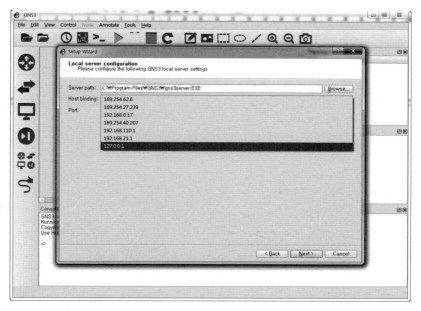

[그림 3-11 서버에 대한 IP 선택]

[그림 3-11]는 로컬서버의 IP를 설정하는 화면인데 우리는 127.0.0.1로 설정후 next 하도록 한다. IP가 여러 개 나오는 것을 확인 할 수 있다. 네트워크가 변경 되면 GNS3가 정상적으로 작동하지 않기 때문에 네트워크 변경이 되더라도 작동 될 수 있는 127.0.0.1를 선택한다.

GNS3는 다양한 운영체제(윈도우, 리눅스, 맥)를 사용할 수 있도록 가상화 프로그램과 연동되어 있다. 아래는 GNS3에서 같이 사용할 수 있는 가상화 프로그램이다. 본 실습에서는 VirtualBox를 이용한 연동을 할 것이다.

1. VirtualBox 설치

http://virtualbox.org 에서 최신 버전을 다운받고 VM VirtualBox Extension Pack 를 같이 다운받아 설치한다. VirtualBox 설치 과정은 부록편을 보면 자세하게 설명되어 있으니 참고하면 된다. VirtualBox는 오라클에서 배포하는 가상 머신 소프트웨어를 말한다.

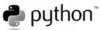
2. 스위치, 라우터 이미지 받기

공식적인 https://software.cisco.com/download/home에서 회원 가입 후 다운받는다. 스위치 이미지 c3745−adventerprisek9−mz.124−15.t14.bin와 라우터 이미지는 c7200−jk9s−mz.124−13b.image를 다운받는다.

3. 시스코 IOS 이미지 연결하기

[그림 3−12]는 메뉴표시줄의 Edit → Preferences → Dynamips → IOS Routers → New를 클릭하면 볼 수 있는 화면이다. 라우터에 사용할 이미지를 선택할 수 있다.

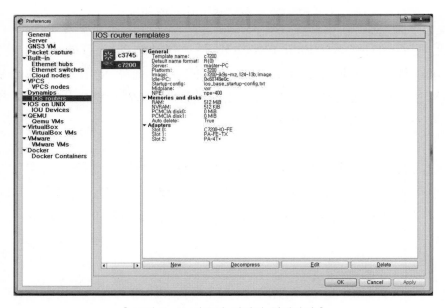

[그림 3-12 라우터 이미지 연결하기]

[그림 3−13]은 다운받은 라우터 이미지 c7200−jk9s−mz.124−13b.image를 연결한다.

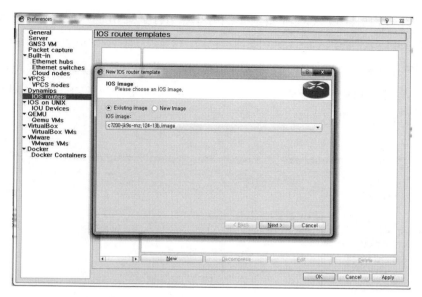

[그림 3-13 라우터 이미지 선택하기]

[그림 3-14]는 연결된 라우터에 추가적으로 네트워크 어댑터를 선택하는 화면이다. Slot0에 C7200-IO-FE을 연결한다.

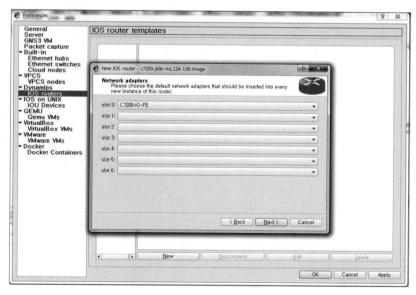

[그림 3-14 연결된 라우터 설정하기]

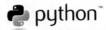
[그림 3-15]는 GNS3에서 라우터 이미지를 연결할 때 IDLE 값을 구하는 그림이
다. idle-pc 값은 GNS3를 이용해 가상의 네트워크를 구성할 때 가상 라우터의
CPU 점유율을 낮춰 CPU 점유률이 100%가 되지 않도록 막기 위한 값을 의미한
다. 만약에 idle-pc 값을 구하지 않으면 컴퓨터의 반응 속도가 많이 느려진다는
것을 알 수 있을 것이다.

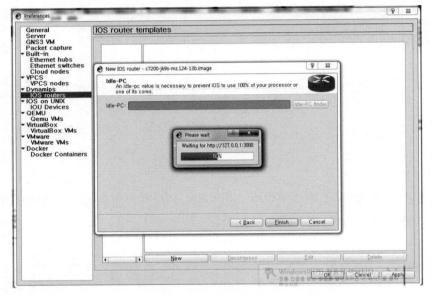

[그림 3-15 idle-PC 값 구하기]

3-3. GNS3를 이용한 가상 실습망 구축

1. 프로젝트 만들기

메뉴표시줄에 File → New Blank Project → Project 창이 아래와 같이 나오는데 Name에 프로젝트명을 218_T1이라고 준다. 이렇게 만들어주는 이유는 만들어둔 프로젝트를 효율적으로 관리하기 위해서다.

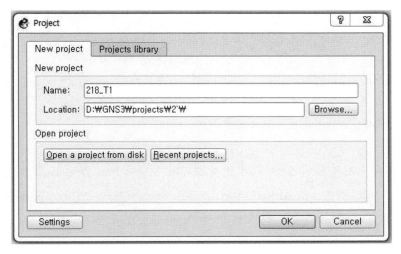

[그림 3-16 GNS3를 이용한 프로젝트 만들기]

2. 스위치 불러오기

[그림 3-17]를 보면 위에서 두 번째 양쪽 방향을 가리키는 것이 스위치이다. 스위치를 클릭하면 스위치 목록들이 나온다. Ethernet switch를 클릭하여 오른쪽(토플로지 창)으로 드래그 앤 드롭을 하자.

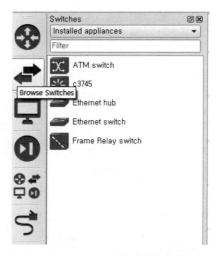

[그림 3-17 스위치 선택 하기]

3. End Devices 불러오기

[그림 3-18]을 보면 위에서 세 번째 모니터 모양이 End Devices를 의미한다. 모니터를 클릭하면 VirtualBox로부터 불러온 가상머신들이 있다. 사용하고자 하는 장치를 오른쪽(토폴로지 창)으로 드래그 앤 드롭을 하자.

[그림 3-18 End devices 선택하기]

4. End Devices 설정하는 방법

[그림 3-19]처럼 메뉴 표시줄의 Edit → Preferences → VirtualBox → VirtualBox VMs → New를 클릭하면 VM list라는 곳에 VirtualBox에 설치한 가상 머신들이 보일 것이다. 추가 후 반드시 해야 할 일이 있다.

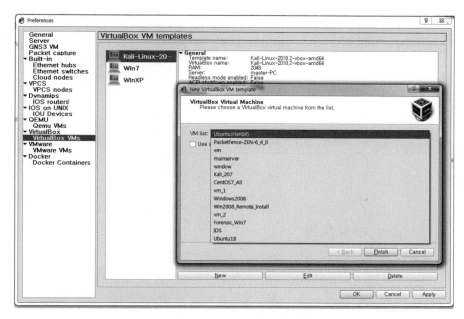

[그림 3-19 가상 머신 선택]

[그림 3-20]처럼 가상 머신을 클릭한 후 두 번째 탭 하단의 Allow GNS3 use any configured VirtualBox adapter 반드시 체크 해줘야 한다. 내부 PC들간의 네트워크 연결을 위해 사용되는 기능이다.

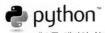

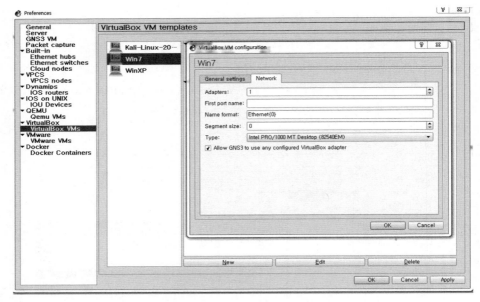

[그림 3-20 가상 머신 설정하기]

5. 완성된 네트워크

[그림 3-21]과 같이 네트워크를 완성후 부팅을 하면 빨간색에서 녹색화면으로
바뀌는 것을 확인할 수 있다. 정상적으로 작동된다는 뜻이다.

가상머신에 실습하고자 하는 IP 주소를 설정한다. IP 주소는 왼쪽 윈도우부터
192.168.32.1, 192.168.32.2, 192.168.32.3, 192.168.32.4으로 설정한다. 독자들
은 반드시 이렇게 설정할 필요는 없다. 바꾸고 싶은 IP 대역대를 사용해도 상관없
다. 네트워크 망 가운데에 있는 칼리리눅스로 스니핑 공격, 스카피 실습등을 진행
할 것이다.

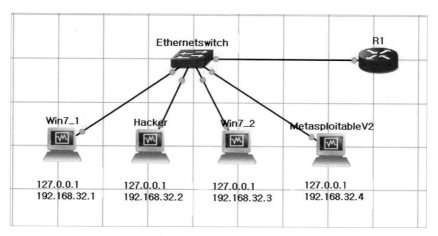

[그림 3-21 완성된 네트워크]

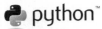

3-4. VirtualBox를 이용한 가상 실습망 구축

지금까지는 GNS3를 이용한 가상 실습망을 만들어 보았다. 처음 접하는 독자들은 설치부터 설정까지 상당히 복잡했을 것이다. 따라서 이번 과정은 우리가 실습하려는 192.168.32.0/24 네트워크를 버추얼박스(VirtualBox)를 이용해 단순화 하는 과정을 설명한다.

[그림 3-22]은 버추얼박스를 이용해 가상 실습망을 만든 화면이다. 왼쪽에는 Books라는 그룹에 실습에 사용될 윈도우와 칼리리눅스, Metasploitable2가 있다. 실습망을 만들어가는 과정은 아래와 같다.

① 네트워크 수정하기
② 가상머신 설치 및 설정 수정하기
③ 그룹화 하기

자 그럼 지금부터 그림을 보면서 천천히 망을 구축해 보자.

1. 네트워크 수정하기

[그림 3-22]의 오른쪽 상단을 보면 전역도구라는 메뉴가 있다. 전역도구를 클릭하면 가상 네트워크를 만드는 화면이 나온다.

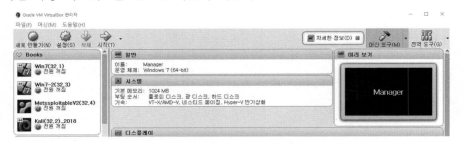

[그림 3-22 VirtualBox 전역도구 선택]

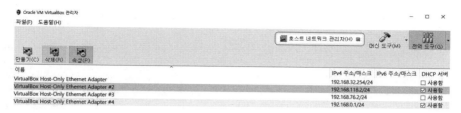

[그림 3-23 네트워크 수정]

[그림 3-23]을 보면 VirtualBox Host-Only Ethernet Adapter라는 것이 있다.
이것은 VirtualBox에서 사용하는 가상 스위치라는 것이다.

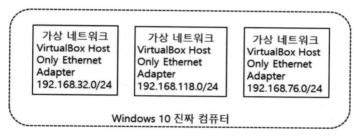

[그림 3-24 가상 네트워크]

[그림 3-24]은 VirtualBox Host-Only Ethernet Adapter에 대한 이해를 돕기 위
해 만든 것이다. Windows 10안에 가상의 네트워크(스위치)가 있다. 그 스위치에
서 사용되는 네트워크는 192.168.32.0에서부터 192.168.76.0으로 구성되어 있다.
각각의 네트워크는 독립적인 네트워크이기 때문에 연결은 되지 않는다. Books
그룹 안에 있는 가상 머신들은 32.0이라는 독립적인 네트워크에 연결되어 있는
것이다.

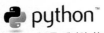

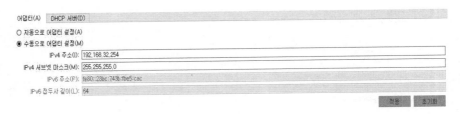

[그림 3-25 가상 네트워크 수정하기]

[그림 3-25]은 VirtualBox Host-Only Ethernet Adapter에 사용되는 네트워크 대역대이다. DHCP 기능을 해제하고 수동으로 적용되도록 한다.

2. 가상머신 설치 및 설정 수정하기

[그림 3-26 네트워크 수정]

[그림 3-26]은 설치된 가상 머신을 선택하고 오른쪽 마우스를 누르면 설정이라는 메뉴가 나온다. 설정을 눌러 네트워크로 이동한 화면이다. 네트워크 부분에 어댑터1를 선택하고 다음에 연결됨을 눌러 네트워크 어댑터를 호스트 전용 어댑터로 변경한다. 모든 가상 머신을 동일한 방법으로 변경하면 모든 독립된 네트워크로 연결된다.

3-5. VMware를 이용한 가상 실습망 구축

가상화 프로그램은 여러 종류가 있다. 교재는 실습을 위해 VirtualBox와 Vmware 두가지 가상화 프로그램의 설정 부분을 다룬다. 3-4에서는 VirtualBox에서 실습 망 만드는 방법에 대해 설명했고, 3-5는 VMware를 이용한 방법을 설명한다.

1. 네트워크 수정하기

Vmware를 설치하고 메뉴 표시줄의 Edit → Virtual Network → Editor를 클릭 하면 [그림 3-27]과 같은 화면이 나온다. Vmware도 VirtualBox와 같은 독립된 네트워크를 사용할 수 있도록 설정 할 수 있다. 다만 표현 방식이 다르다. Host-only라는 부분이 있는데 이것은 VirtualBox의 VirtualBox Host-Only Ethernet Adapter와 동일한 기능이다.

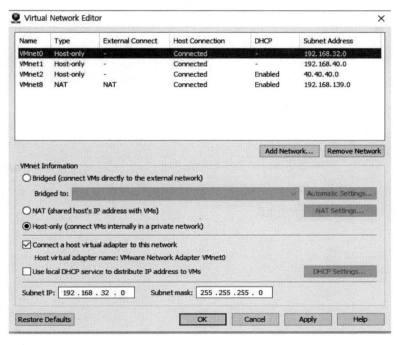

[그림 3-27 Vmware 네트워크]

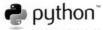

게으른 해커의 쉽게 배우는 **파이썬 해킹 프로그래밍**

2. 가상머신 설치 및 설정 수정하기

[그림 3-28 Vmware 네트워크 설정]

[그림 3-28]은 설치된 가상 머신을 선택하고 Edit virtual machine settings를 누르면 나오는 세팅화면이다. 오른쪽 화면에 나오는 "Network connection"의 "Custom Specific virtual network"를 클릭 후 "VMnet0 (Host Only)"을 선택하면 독립된 네트워크로 연결된다.

제4장

네트워크 스캔(Scan) 공격

스캔(Scan) 프로그램 작성

소켓과 nmap을 이용하여 IP 스캔 및 Port 스캔 프로그램을
작성할 수 있다.

4-1. IP Scan 프로그램

4-2. Port Scan 프로그램

4-3. nmap 설치

4-4. nmap Scan 프로그램

스캔(scan)이란 어느 하나에 집중한다기보다는 전체적으로 훑어보는 것을 의미한다. 공격자에 있어서 스캔이란 목표를 정하여 공격하기 전에 수행하는 사전 점검 단계라고 할 수 있다. 시스템이나 네트워크가 어떻게 운영되고 있는지, 어디가 허술한지 정보를 수집해서 어디를 어떻게 공격해서 무엇을 얻을지 계획을 수립하기 위한 데이터 수집 단계라고 생각하면 된다. 공격자가 수행하는 사전 조사는 다양하고 난이도 높은 것도 있지만, 이 장에서는 일정 범위의 IP주소를 가지는 컴퓨터들이 특정 포트를 사용하고 있는지를 점검하는 IP스캔과, 특정 IP의 컴퓨터가 사용하고 있는 모든 포트를 조사하는 포트스캔 프로그래밍 방법을 소개할 것이다.

또한 nmap이라는 스캔 툴을 이용하여 좀 더 전문적이고 상세한 정보를 알아낼 수 있는 방법에 대해서도 알아볼 것이다.

4-1. IP Scan 프로그램

이 절에서는 일정 범위의 IP 주소를 갖는 컴퓨터들이 특정 포트가 열려있는지 조사하는 프로그램을 작성할 것이다. 2장에서 특정 프로그램이나 프로토콜은 고정된 포트는 사용한다고 설명하였다. 예를 들어서 웹페이지를 위한 프로토콜인 HTTP는 80, FTP는 20번과 21번, TELNET은 23번 SMTP는 25번, POP3는 110번을 사용한다. 따라서 TELNET을 지원하고 있는 컴퓨터를 검색하고 싶다면, 해당 컴퓨터의 23번 포트가 활성화 되어 있는지를 확인하면 된다. 즉, 해커 입장에서 특정 서비스를 지원하고 있는 컴퓨터를 검색하거나 원하는 포트가 활성화 되어 있어 접속할 수 있는 컴퓨터를 검색하고자 할 때 사용할 수 있다.

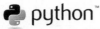
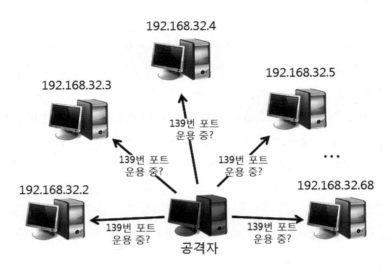

[그림 4-1 IP scan 동작 예]

우선 하나의 컴퓨터의 특정 포트가 활성화 되어있는지(즉, 운용 중인지)를 확인하는 프로그램을 작성해 보자.

① 소켓 모듈을 불러와서 TCP 소켓 메소드(socket.socket)를 사용한다.

```
import socket
ipscan_sock = socket.socket(socket.AF_INET, socket.SOCK_STREAM)
```

－ ipscan_sock : 네트워크 통신에 사용할 TCP 소켓

② 생성된 소켓(port_sock)의 connect_ex 메소드를 사용하여 연결가능여부를 검사한다. 연결가능하다면 상대 컴퓨터의 포트가 운용 중이라는 의미이다.

```
result = ipscan_sock.connect_ex(("192.168.32.4", 139))
```

－ 192.168.32.4 : 검사할 대상 컴퓨터의 IP 주소
－ 139 : 운용 여부를 점검할 포트 번호
－ result: 대상 컴퓨터가 해당 포트를 운용 중이면 0이 반환되고, 그렇지 않다면 10060, 10061 등의 값이 반환된다.

이제 작성한 프로그램을 응용하여, 일정한 IP주소 범위에 있는 모든 컴퓨터에 대하여 해당 포트의 운용여부를 알아내는 프로그램을 작성하여 보자.

```
# -*- coding: cp949 -*-

import socket

target_ip = "192.168.32.4"      # 검사할 IP
target_port = 139               # 검사할 포트

ipscan_sock = socket.socket(socket.AF_INET, socket.SOCK_STREAM)

result = sock.connect_ex((target_ip, target_port))

if result == 0:
  print target_ip + " is alive"

sock.close()
```

Exam : IP Network Scan

이제 작성한 프로그램을 응용하여, 일정한 IP주소 범위에 있는 모든 컴퓨터에 대하여 해당 포트의 운용여부를 알아내는 프로그램을 작성해 보자.

Instruction	IP Network Scan

TCP 소켓을 활용하여 해당 네트워크 대역(예: 192.168.32.xxx)에 있는 컴퓨터를 스캔하여 특정 포트를 운영 중인지 점검하는 프로그램을 작성하시오. 점검하려는 네트워크 대역(ID)와 점검할 호스트 IP 범위(시작과 마지막 주소), 점검할 포트 번호를 사용자로부터 입력받고, 점검한 컴퓨터의 IP주소와 해당 포트가 운용 중인지를 출력하시오.

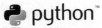

[실행 예]

```
Network ID (ex:192.168.32) : 192.168.32

Start host ID : 2
Last host ID : 68
Port # : 139
192.168.32.11 is live
192.168.32.12 is live
192.168.32.22 is live
192.168.32.25 is live
```

[힌트]

```
net = raw_input("Network ID: ")
```

```
def scan(addr):
# 주어진 주소의 해당 포트의 운용 여부를 1(운용) 혹은 0(비운용)으로 반환
```

```
def run() :
# 검사할 host ID를 이용하여 주소 생성하여 scan함수를 호출하고 결과 출력
    for ip in xrange(start, end):
    addr =
    if (scan(addr)):
        print addr, "is live"
```

IPNetworkScan.py

```
# -*- coding: cp949 -*-

import socket

net = raw_input("Network ID (ex:192.168.32) : ") # 검사할 시작 네트워크 ID

start = int(raw_input("Start host ID : "))    # 검사할 시작 호스트 ID
end = int(raw_input("Last host ID : "))       # 검사할 마지막 호스트 ID
port = int(raw_input("Port # : "))            # 운용 중인지 검사할 포트

def scan(addr):
    ipscan_sock = socket.socket(socket.AF_INET, socket.SOCK_STREAM)
    ipscan_socket.setdefaulttimeout(1)
    result = ipscan_sock.connect_ex((addr, port))

    if result == 0:
        return 1
    else:
        return 0

    ipscan_sock.close()

def run():
    for ip in xrange(start, end+1):
        addr = net + '.' + str(ip)
        if (scan(addr)):
            print addr, "is live"

run()
```

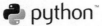

4-2. ∬ Port Scan 프로그램

이번에는 포트스캔을 해보자. IP scan과 달리 타겟 컴퓨터의 어떤 포트가 열려있는지를 검사하기 위해 사용된다. 해커 입장에서는 공격하고자 하는 컴퓨터의 어떤 문(포트)가 열려 있는지, 즉 어떤 포트로 침입할 수 있는지 검사하기 위해 사용될 수 있다.

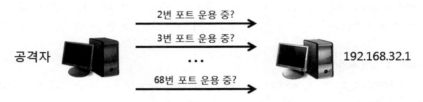

[그림 4-2 port scan 동작 예]

port scan 프로그램에 사용되는 핵심 메소드는 다음과 같이 IP scan과 동일하다.

① 소켓 모듈을 불러와서 TCP 소켓 메소드(socket.socket)를 사용한다.

```
import socket
portscan_sock = socket.socket(socket.AF_INET, socket.SOCK_STREAM)
```

– portscan_sock : 네트워크 통신에 사용할 TCP 소켓

② 생성된 소켓(port_sock)의 connect_ex 메소드를 사용하여 연결가능여부를 검사한다. 연결가능하다면 상대 컴퓨터의 포트가 운용 중이라는 의미이다.

```
result = portscan_sock.connect_ex(("192.168.32.4", 139))
```

– 192.168.32.4 : 검사 대상 컴퓨터의 IP 주소
– 139 : 운용 여부를 점검할 포트 번호
– result: 대상 컴퓨터가 해당 포트를 운용 중이면 0이 반환되고, 그렇지 않다면 10060, 10061 등의 값이 반환된다.

위의 메소드들을 가지고 대상 컴퓨터의 하나의 특정 포트가 운용 중인지 검사하는 프로그램을 작성하여 보자.

```
# -*- coding: cp949 -*-

import socket

target_ip = "192.168.32.4"      # 검사할 IP
target_port = 139               # 검사할 포트

portscan_sock = socket.socket(socket.AF_INET, socket.SOCK_STREAM)

result = sock.connect_ex((target_ip, target_port))

if result == 0:
  print target_port + " is open"
```

Exam : Port Scan

이제 특정 대상 컴퓨터의 포트들이 운용 중인지 검사하는 프로그램으로 확장해서 프로그램을 작성해 보자.

Instruction	Port Scan

TCP 소켓을 활용하여 해당 컴퓨터(192.168.32.xxx)의 서비스 포트를 스캔하는 프로그램을 작성하시오.

[실행 예]

```
Enter Target IP (ex:192.168.32.4) : 192.168.32.4
Start Port : 20
Last Port : 200

[*] Open Port : 21
```

```
[*] Open Port : 22
[*] Open Port : 23
[*] Open Port : 25
[*] Open Port : 53
[*] Open Port : 80
[*] Open Port : 111
[*] Open Port : 139
```

[힌트]

```
target = raw_input("Enter Target IP (ex:192.168.32) : ")
```

```
for port in range(start_port, last_port+1):
    portscan_sock              =              socket.socket(socket.AF_INET,
socket.SOCK_STREAM)
    result =
    if                    :
        print "[*] Open port : \t", port
```

PortScan.py

이 솔루션에서는 "try-except" 문을 활용하여 포트를 검사하는 동안 발생할 수 있는 오류들을 처리하도록 하고 있다.

```
# -*- coding: cp949 -*-

import socket

target_ip = raw_input("Enter Target IP (ex:192.168.32.4) : ")

start_port = int(raw_input("Start Port : "))
```

```
end_port = int(raw_input("Last Port : "))

try:  # 오류 처리하는 try 문 활용
    for port in range(start_port, end_port):
        ipscan_sock = socket.socket(socket.AF_INET,socket.SOCK_STREAM)
        # 0.5초 동안 응답이 없을 경우 대기 종료
        ipscan_sock.settimeout(.5)
        result = ipscan_sock.connect_ex((target_ip, port))
        if result == 0:
            print "[*] Open port : \t", port
        ipscan_sock.close()

except KeyboardInterrupt:     # 키보드에서 ^c로 프로그램을 중지한 경우
    print "Execution canceled."
    sys.exit()

except socket.gaierror:       # 호스트를 찾을 수 없는 경우
    print "Hostname could not be resolved."
    sys.exit()

except socket.error:          # 소켓 오류가 발생한 경우
    print "Could not connect to the server."
    sys.exit()

print "Scanning completed."
```

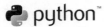
4-3. nmap 설치

nmap(network mapper)은 고든 라이온(Gordon Lyon)이 보안용으로 만든 스캔 프로그램이다. 작성한 보안 스캐너이다. 컴퓨터와 서비스들을 찾아 네트워크 지도를 만들 때 사용된다. nmap은 앞에서 작성했던 프로그램보다 광고하지 않는 서비스들도 찾아낼 수 있으며, 원격 컴퓨터가 사용하고 있는 운영체제와 소프트웨어 및 그 버전 그리고 운용 장치, 방화벽 사용 여부 등도 알아 낼 수 있다. nmap 설치 후 파이썬에서 연결하여 사용해 볼 것이다.

1. 윈도우용 nmap을 설치

칼리리눅스에는 nmap이 이미 설치되어 있어서 별도의 설치가 필요 없으니, 이 절에서는 윈도우용 프로그램 설치에 대해서 알아보자.

[그림 4-3]과 같이 nmap 사이트(https://nmap.org/download.html)에 접속하여 윈도우용 바이너리 파일을 다운로드 받아 설치한다. 독자들이 설치할 때는 화면과 최종 버전이 다를 수 있다.

설치 과정 중에는 라이선스에 동의하는 화면도 있고 [그림 4-4]와 같이 설치경로를 설정하는 화면도 나온다. 이 때 기정치(default)로 설정된 폴더에 설치할 수도 있고 변경할 수도 있으나, 독자가 설치한 경로는 기억해 두길 바란다. 이 책에서는 기정치 폴더인 "C:\Program Files (x86)\Nmap"에 설치하였다. 나머지는 기정치 값을 그대로 사용하면 된다.

설치가 완료된 후, 윈도우 로고를 클릭하면 [그림 4-5]와 같은 아이콘이 생성된 것을 볼 수 있는데, GUI를 이용한 nmap을 실행시키는 아이콘이다.

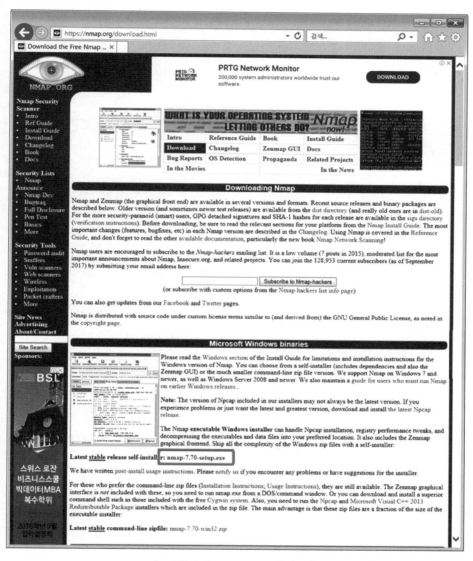

[그림 4-3 nmap.org 사이트]

게으른 해커의 쉽게 배우는 **파이썬 해킹 프로그래밍**

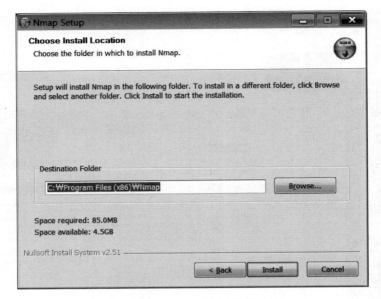

[그림 4-4 nmap의 설치 경로]

[그림 4-5 nmap GUI 아이콘]

2. PATH 환경변수 추가

윈도우에 설치된 프로그램을 실행하려면, 해당 폴더로 이동하여 프로그램을 실행시키거나 프로그램명 앞에 경로명까지 포함하여 실행시켜야 한다.

이러한 불편함을 없애기 위하여, 윈도우에서는 PATH라는 환경 변수를 제공한다. 이 PATH에 프로그램이 저장되어 있는 경로들을 지정해 두면, 경로명 없이 프로그램명만 명시하여도 PATH에 있는 경로들을 자동적으로 검색하여 실행시켜 준다.

예를 들어서 [그림 4-3]의 프로그램은 "C:\Program Files (x86)\Nmap\zenmap.exe"과 연결되어 있다. 커맨드 창을 열어서 "zenmap.exe"를 입력했을 때, 정상적으로 프로그램이 작동되면 프로그램 설치 시 자동으로 PATH 설정이 완료된 것이고, 그렇지 않고 오류가 난다면 다음과 같이 수동으로 설정해 주어야 한다. 오류가 나지 않는 독자도 PATH가 잘 설정되어 있음을 확인해 보도록 하자. 예시된 화면은 윈도우 7이 설치된 환경이므로, 독자들의 컴퓨터에 설치된 윈도우 버전에 따라 다소 다르게 나타날 수 있음을 주의하기 바란다.

① [그림 4-6]과 같이 윈도우탐색기를 열어서 "컴퓨터"를 선택한 다음 오른쪽 마우스를 눌러 [속성(R)]을 클릭한다.

[그림 4-6 컴퓨터 속성]

② [그림 4-7]과 같이 시스템 화면이 나오면 왼쪽 메뉴에 [고급 시스템 설정]
을 클릭한다.

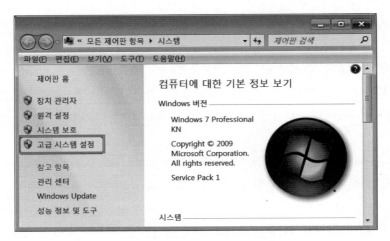

[그림 4-7 고급 시스템 설정]

③ [그림 4-8]과 같이 "시스템 속성" 화면이 출력되면 [고급] 탭을 선택하고
[환경변수(N)]을 선택한다.

[그림 4-8 환경 변수]

④ [그림 4-9]에서와 같이 "Path"라는 변수를 선택하고 [편집(E)]를 누른다.

[그림 4-9 환경 변수 편집]

⑤ [그림 4-10]과 같이 [변수 값(V)]에 nmap이 설치된 경로인 "C:\Program Files (x86)/Nmap"이 들어 있지 않으면, 맨 뒤에 세미콜론과 경로명 (";C:\Program Files (x86)/Nmap")을 추가한다. 만약 독자가 다른 경로에 nmap을 설치했다면 그 경로를 사용하면 된다.

[그림 4-10 환경변수 추가]

3. Python-nmap 설치

파이썬에서 nmap을 사용하기 위해서는 먼저 python-nmap을 설치해야 한다. 윈도우즈와 칼리리눅스에서의 설치 방법이 다르지만, 관련 모듈을 자동으로 다운로드

하여 설치하므로 두 가지 경우 모두 인터넷에 연결되어 있어야 한다. 윈도우즈에서는 [그림 4-11]과 같이 pip 명령어가 있는 경로(예에서는 C:\Python27\Scripts)로 이동하여 "pip install python-nmap" 명령을 실행하면 된다.

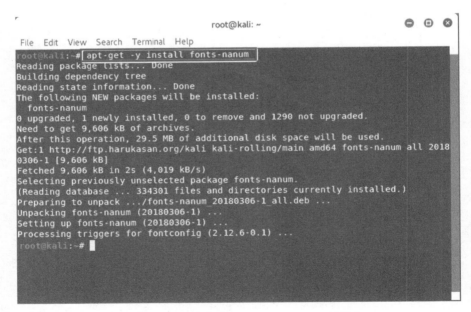

[그림 4-11 윈도우즈 python-nmap 설치]

칼리리눅스에서는 [그림 4-12]와 같이 "apt-get install -y python-nmap" 명령을 실행하면 된다.

[그림 4-12 칼리리눅스 python-nmap 설치]

4-4. nmap Scan 프로그램

이제 파이썬에서 nmap을 이용해 보자. nmap을 사용하기 위해서는 먼저 [그림 4-13]과 같이 "import nmap"을 실행하여 nmap 모듈을 불러오자. 예는 윈도우즈에서 실행한 예이나, 칼리리눅스에서도 동일하게 사용하면 된다.

[그림 4-13 nmap 모듈 불러오기]

import를 통해서 불러온 nmap 모듈에서는 다양한 클래스를 제공하는데, [그림 4-14]와 같이 "dir(nmap)"을 실행하면 제공하는 클래스들을 볼 수 있다. 이 중에서 스캔에 사용할 "PortScanner" 클래스에 주목하자.

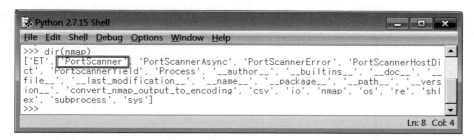

[그림 4-14 nmap이 제공하는 클래스]

PortScanner 클래스에는 다양한 메소드(method)들이 있는데, [그림 4-15]와 같이 "help(nmap.PortScanner)"를 입력하여 메소드들을 확인해 보자. 그 중에서 중요한 메소들의 기능을 살펴보도록 하자.

[그림 4-15 PortScanner 클래스의 메소드]

① __init__(self, nmap_search_path=('nmap'))

　PortScanner 모듈을 초기화하고 시스템에서 nmap과 nmap 버전을 찾는다.

② all_hosts(self)

　전체 호스트의 정렬된 리스트를 반환한다.

③ csv(self)

　스캔 결과를 CSV 형식의 텍스트로 반환한다.

④ has_host(self, host)

　스캔 결과, 호스트(host)의 스캔내용이 있으면 참(True)을 아니면 거짓(False)를 반환한다.

⑤ scan(self, hosts='127.0.0.1', ports=None, arguments='-sV', sudo=False)

　인자값으로 받은 호스트(hosts)에 대해서 스캔을 실시하고 스캔 결과는 딕셔너리(dictionary) 형식으로 반환한다.

⑥ scaninfo(self)

　{'tcp': {'services': '22', 'method': 'connect'}} 형식의 scaninfo structure를 반환한다.

⑦ scanstats(self)

　{'uphosts': '3', 'timestr': 'Thu Jun 3 21:45:07 2010', 'downhosts': '253', 'totalhosts': '256', 'elapsed': '5.79'} 형식의 scanstats structure를 반환한다.

예로, 다음과 같이 nmap을 이용하여 IP주소가 192.168.32.4인 호스트를 대상으로 20~80 포트들을 스캔하고 그 결과를 "nm"이라는 객체에 저장한 후 출력해 보자.

```
>>> targetHost = '192.168.32.4'
>>> nmScan = nmap.PortScanner()
>>> nm = nmScan.scan(targetHost, '22-80')
>>> print nm
```

125

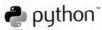
```
>>> print nm
{'nmap': {'scanstats': {'uphosts': '1', 'timestr': 'Mon Aug 20 04:31:18 2018', '
downhosts': '0', 'totalhosts': '1', 'elapsed': '163.29'}, 'scaninfo': {'tcp': {'
services': '22-80', 'method': 'syn'}}, 'command_line': 'nmap -oX - -p 22-80 -sV
192.168.32.4'}, 'scan': {'192.168.32.4': {'status': {'state': 'up', 'reason': 'a
rp-response'}, 'hostnames': [{'type': '', 'name': ''}], 'vendor': {'00:0C:29:85:
2C:B8': 'VMware'}, 'addresses': {'mac': '00:0C:29:85:2C:B8', 'ipv4': '192.168.32
.4'}, 'tcp': {80: {'product': 'Apache httpd', 'state': 'open', 'version': '2.2.8
', 'name': 'http', 'conf': '10', 'extrainfo': '(Ubuntu) DAV/2', 'reason': 'syn-a
ck', 'cpe': 'cpe:/a:apache:http_server:2.2.8'}, 25: {'product': '', 'state': 'op
en', 'version': '', 'name': 'smtp', 'conf': '3', 'extrainfo': '', 'reason': 'syn
-ack', 'cpe': ''}, 53: {'product': 'ISC BIND', 'state': 'open', 'version': '9.4.
2', 'name': 'domain', 'conf': '10', 'extrainfo': '', 'reason': 'syn-ack', 'cpe':
'cpe:/a:isc:bind:9.4.2'}, 22: {'product': 'OpenSSH', 'state': 'open', 'version'
: '4.7p1 Debian 8ubuntu1', 'name': 'ssh', 'conf': '10', 'extrainfo': 'protocol 2
.0', 'reason': 'syn-ack', 'cpe': 'cpe:/o:linux:linux_kernel'}, 23: {'product': '
', 'state': 'open', 'version': '', 'name': 'telnet', 'conf': '3', 'extrainfo'
', 'reason': 'syn-ack', 'cpe': ''}}}}}
```

nm을 출력한 결과를 보면 다음과 같이 계층적으로 정리해 보면, 딕셔너리 형식
으로 출력된다는 것을 확인할 수 있다.

```
{'nmap':
{'scanstats':
    {'uphosts': '1', 'timestr': 'Mon Aug 20 04:31:18 2018',
    'downhosts': '0', 'totalhosts': '1', 'elapsed': '163.29'
    },
  'scaninfo': {'tcp': {'services': '22-80', 'method': 'syn'},
  'command_line': 'nmap -oX - -p 22-80 -sV 192.168.32.4'
  },
'scan':
  {'192.168.32.4'
  {'status': {'state': 'up', 'reason': 'arp-response'},
  'hostnames': [{'type': '', 'name': ''}],
  'vendor': {'08:01:27:3F:B7:8D': 'Oracle VirtualBox virtual NIC'},
  'addresses': {'mac': '08:01:27:3F:B7:8D', 'ipv4': '192.168.32.4'},
  'tcp':
    {80: {'product': 'Apache httpd', 'state': 'open', 'version': '2.2.8',
        'name': http, 'conf': '10', 'extrainfo': '(Ubuntu) DAV/2',
        'reason': 'syn-ack', 'cpe': 'cpe:/a:apache:http_server:2.2.8'},
    25: {'product': 'Postfix smtpd', 'state': 'open', 'version': '', 'name':
        'smtp', 'conf': '10', 'extrainfo': '', 'reason': 'syn-ack', 'cpe': ''},
```

```
    53: {'product': 'ISC BIND', 'state': 'open', 'version': '9.4.2', 'name':
        'domain', 'conf': '10', 'extrainfo': '', 'reason': 'syn-ack', 'cpe':
        'cpe:/a:isc:bind:9.4.2'},
    22: {'product': 'OpenSSH', 'state': 'open', 'version': '4.7p1 Debian
        8ubuntu1', 'name': 'ssh', 'conf': '10', 'extrainfo': 'protocol
        2.0', 'reason': 'syn-ack', 'cpe': 'cpe:/o:linux:linux_kernel'},
    23: {'product': '', 'state': 'open', 'version': '', 'name': 'telnet',
        'conf': '10', 'extrainfo': '', 'reason': 'syn-ack', 'cpe': ''}
    }
   }
  }
 }
```

2

딕셔너리 형식의 결과물에 대해서 세부 사항을 다음과 같은 방법으로 출력해 볼
수 있다.

① nmap 실행 결과에 관한 사항 출력

```
>>> print nm['nmap']
```

```
>>> print nm['nmap']
{'scanstats': {'uphosts': '1', 'timestr': 'Mon Aug 20 04:31:18 2018', 'downhosts
': '0', 'totalhosts': '1', 'elapsed': '163.29'}, 'scaninfo': {'tcp': {'services'
: '22-80', 'method': 'syn'}}, 'command_line': 'nmap -oX - -p 22-80 -sV 192.168.3
2.4'}
```

② scan 결과에 관한 사항 출력

```
>>> print nm['scan']
```

```
>>> print nm['scan']
{'192.168.32.4': {'status': {'state': 'up', 'reason': 'arp-response'}, 'hostname
s': [{'type': '', 'name': ''}], 'vendor': {'00:0C:29:85:2C:B8': 'VMware'}, 'addr
esses': {'mac': '00:0C:29:85:2C:B8', 'ipv4': '192.168.32.4'}, 'tcp': {80: {'prod
uct': 'Apache httpd', 'state': 'open', 'version': '2.2.8', 'name': 'http', 'conf
': '10', 'extrainfo': '(Ubuntu) DAV/2', 'reason': 'syn-ack', 'cpe': 'cpe:/a:apac
he:http_server:2.2.8'}, 25: {'product': '', 'state': 'open', 'version': '', 'nam
e': 'smtp', 'conf': '3', 'extrainfo': '', 'reason': 'syn-ack', 'cpe': ''}, 53: {
'product': 'ISC BIND', 'state': 'open', 'version': '9.4.2', 'name': 'domain', 'c
onf': '10', 'extrainfo': '', 'reason': 'syn-ack', 'cpe': 'cpe:/a:isc:bind:9.4.2'
}, 22: {'product': 'OpenSSH', 'state': 'open', 'version': '4.7p1 Debian 8ubuntu1
', 'name': 'ssh', 'conf': '10', 'extrainfo': 'protocol 2.0', 'reason': 'syn-ack'
, 'cpe': 'cpe:/o:linux:linux_kernel'}, 23: {'product': '', 'state': 'open', 'ver
sion': '', 'name': 'telnet', 'conf': '3', 'extrainfo': '', 'reason': 'syn-ack',
'cpe': ''}}}}
```

③ scan 결과 중 IP주소가 192.168.32.4인 호스트에 관한 사항 출력

```
>>> print nm['scan']['192.168.32.4']
```

```
>>> print nm['scan']['192.168.32.4']
{'status': {'state': 'up', 'reason': 'arp-response'}, 'hostnames': [{'type': '',
 'name': ''}], 'vendor': {'00:0C:29:85:2C:B8': 'VMware'}, 'addresses': {'mac': '
00:0C:29:85:2C:B8', 'ipv4': '192.168.32.4'}, 'tcp': {80: {'product': 'Apache htt
pd', 'state': 'open', 'version': '2.2.8', 'name': 'http', 'conf': '10', 'extrain
fo': '(Ubuntu) DAV/2', 'reason': 'syn-ack', 'cpe': 'cpe:/a:apache:http_server:2.
2.8'}, 25: {'product': '', 'state': 'open', 'version': '', 'name': 'smtp', 'conf
': '3', 'extrainfo': '', 'reason': 'syn-ack', 'cpe': ''}, 53: {'product': 'ISC B
IND', 'state': 'open', 'version': '9.4.2', 'name': 'domain', 'conf': '10', 'extr
ainfo': '', 'reason': 'syn-ack', 'cpe': 'cpe:/a:isc:bind:9.4.2'}, 22: {'product'
: 'OpenSSH', 'state': 'open', 'version': '4.7p1 Debian 8ubuntu1', 'name': 'ssh',
'conf': '10', 'extrainfo': 'protocol 2.0', 'reason': 'syn-ack', 'cpe': 'cpe:/o:
linux:linux_kernel'}, 23: {'product': '', 'state': 'open', 'version': '', 'name'
: 'telnet', 'conf': '3', 'extrainfo': '', 'reason': 'syn-ack', 'cpe': ''}}}
```

④ IP주소가 192.168.32.4인 호스트의 상태(status)에 관한 사항 출력

```
>>> print nm['scan']['192.168.32.4']['status']
```

```
{'state': 'up', 'reason': 'arp-response'}
```

⑤ IP주소가 192.168.32.4인 호스트의 mac과 IP 주소(address)에 관한 사항 출력

```
>>> print nm['scan']['192.168.32.4']['addresses']
```

```
{'mac': '00:0C:29:85:2C:B8', 'ipv4': '192.168.32.4'}
```

⑥ IP주소가 192.168.32.4인 호스트의 tcp 프로토콜에 관한 사항 출력

```
>>> print nm['scan']['192.168.32.4']['tcp']
```

{80: {'product': 'Apache httpd', 'state': 'open', 'version': '2.2.8', 'name': 'h
ttp', 'conf': '10', 'extrainfo': '(Ubuntu) DAV/2', 'reason': 'syn-ack', 'cpe': '
cpe:/a:apache:http_server:2.2.8'}, 25: {'product': '', 'state': 'open', 'version
', 'name': 'smtp', 'conf': '3', 'extrainfo': '', 'reason': 'syn-ack', 'cpe': '
'}, 53: {'product': 'ISC BIND', 'state': 'open', 'version': '9.4.2', 'name': '
domain', 'conf': '10', 'extrainfo': '', 'reason': 'syn-ack', 'cpe': 'cpe:/a:isc:
bind:9.4.2'}, 22: {'product': 'OpenSSH', 'state': 'open', 'version': '4.7p1 Debi
an 8ubuntu1', 'name': 'ssh', 'conf': '10', 'extrainfo': 'protocol 2.0', 'reason'
'syn-ack', 'cpe': 'cpe:/o:linux:linux_kernel'}, 23: {'product': '', 'state': '
open', 'version': '', 'name': 'telnet', 'conf': '3', 'extrainfo': '', 'reason':
'syn-ack', 'cpe': ''}}

⑦ IP주소가 192.168.32.4인 호스트의 tcp 프로토콜 중 80포트에 관한 사항 출력

```
>>> print nm['scan']['192.168.32.4']['tcp'][80]
```

{'product': 'Apache httpd', 'state': 'open', 'version': '2.2.8', 'name': 'http',
'conf': '10', 'extrainfo': '(Ubuntu) DAV/2', 'reason': 'syn-ack', 'cpe': 'cpe:/
a:apache:http_server:2.2.8'}

nmap이 제공하는 포트 상태는 6개로 세분화 되어 있으며, 다른 스캔 프로그램과 결과가 다르게 표현될 수 있다.

[표 4-1 포트 상태]

상태	설명
open	응용 프로그램이 TCP나 UDP 커넥션을 수용하고 있음. 공격자가 희망하는 상태
closed	nmap의 패킷은 수신하지만, 응용 프로그램이 연결되어 있지 않음. 해당 컴퓨터가 살아 있음을 의미. OS버전을 보여 주기도 함
filtered	open 상태인지 알 수 없음. 방화벽 등에 의해 패킷이 필터링 되어 있을 수도 있음
unfiltered	접근은 가능하지만, open 인지 closed 상태인지 알 수 없음
open|filtered	open 상태인지 filtered 상태인지 알 수 없음. 포트가 응답이 없음
closed|filtered	closed 상태인지 filtered 상태인지 알 수 없음

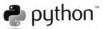

Exam : nmap PortScan 1

Instruction	nmap PortScan 프로그램 작성

사용자가 대상 호스트의 IP주소와 스캔할 포트들을 입력받은 후, nmap을 활용하여 해당 컴퓨터의 포트를 스캔하여 결과를 출력한다.

[실행 예]

Enter Target IP (ex: 192.168.32.4) : **192.168.32.4**
Enter Target Ports (ex: 25,80,110) : **20,22,23,24,25,80,110,200**

[결과]

[*] 192.168.32.4 tcp/20 closed
[*] 192.168.32.4 tcp/21 open
[*] 192.168.32.4 tcp/22 open
[*] 192.168.32.4 tcp/23 open
[*] 192.168.32.4 tcp/24 closed
[*] 192.168.32.4 tcp/25 open
[*] 192.168.32.4 tcp/80 open
[*] 192.168.32.4 tcp/110 closed
[*] 192.168.32.4 tcp/200 closed

nmapScan1.py

```
# -*- coding: utf-8 -*-

import optparse
import nmap

def nmapScan(targetHost, targetPort):
  nmScan = nmap.PortScanner()
  nmScan.scan(targetHost, targetPort)
  state = nmScan[targetHost]['tcp'][int(targetPort)]['state']
  print "[*] " + targetHost + " tcp/" + targetPort + " " + state
```

```
def main():
  targetHost = raw_input("Enter Target IP (ex: 192.168.32.4) : ")
  targetPort_str = raw_input("Enter Target Ports (ex: 25,80,110) : ")
  targetPorts = targetPort_str.split(',')

  if (targetHost == None) | (targetPorts[0] == None):
      print "[-] You must specify a target host and ports."
      exit(0)

  for targetPort in targetPorts:
      nmapScan(targetHost, targetPort)

if __name__ == '__main__':

  main()
```

[그림 4-16]은 nmapScan.py 프로그램을 칼리리눅스 서버가 설치된 가상 시스템에서 Metasploit이 설치된 가상 시스템을 스캔한 결과이다.

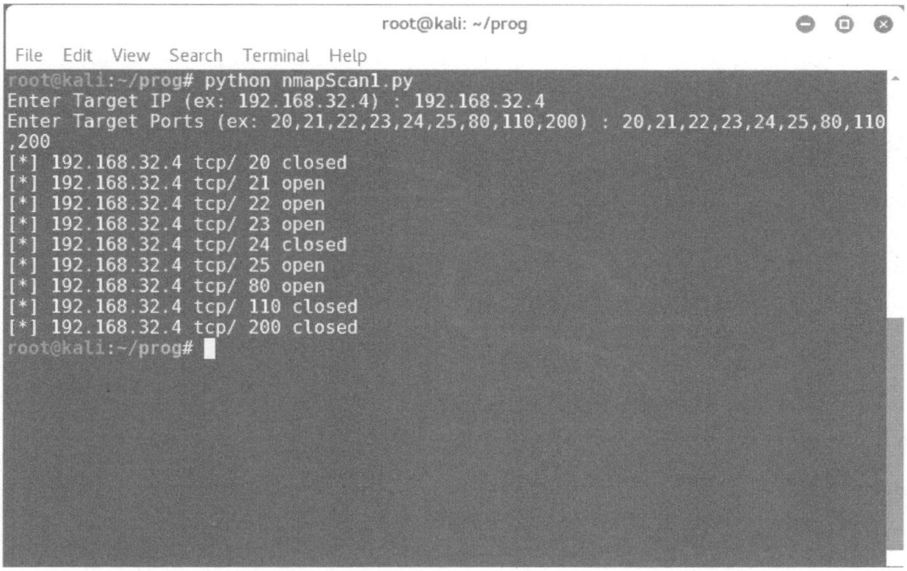

[그림 4-16 가상 시스템 스캔 결과]

Exam : nmap PortScan 2

Instruction	nmap PortScan 프로그램 작성(커맨드라인의 옵션을 파싱)

커맨드라인에서 프로그램을 수행하면서 대상 호스트의 IP주소와 스캔할 포트들을 옵션으로 전달하고, nmap을 활용하여 해당 컴퓨터의 포트를 스캔하여 결과를 출력한다. 검사할 포트 번호들은 쉼표로 구분하여 입력하도록 한다.

[실행 예]

python nmapScan.py –H **210.96.6.***** –P **20,22,23,25,80,110,200**

[결과]

```
[*] 210.93.6.*** tcp/20 filtered
[*] 210.93.6.*** tcp/21 filtered
[*] 210.93.6.*** tcp/22 filtered
[*] 210.93.6.*** tcp/23 filtered
[*] 210.93.6.*** tcp/24 filtered
[*] 210.93.6.*** tcp/25 open
[*] 210.93.6.*** tcp/80 open
[*] 210.93.6.*** tcp/110 open
[*] 210.93.6.*** tcp/200 filtered
```

nmapScan2.py

```python
# -*- coding: utf-8 -*-

import optparse
import nmap

def nmapScan(targetHost, targetPort):

  nmScan = nmap.PortScanner()
  nmScan.scan(targetHost, targetPort)

  state = nmScan[targetHost]['tcp'][int(targetPort)]['state']
```

```python
    print "[*] " + targetHost + " tcp/" + targetPort + " " + state

def main():

    # 옵션 사용을 위한 파서 생성, 사용법에 대한 안내문을 옵션으로 제공
    parser = OptionParser('usage %prog -H <tgt_host> -P <tgt_port>')

    # -H 옵션과 그 옵션값을 tgtHost에 저장하도록 옵션 추가
    parser.add_option('-H', dest='tgtHost', type='string',
    help='specify target host')

    # -P 옵션과 그 옵션값을 tgtPort에 저장하도록 옵션 추가
    parser.add_option('-P', dest='tgtPort', type='string',
    help='ports separated by comma')

    # 커맨드 라인에서 입력한 옵션 값을 options에 저장
    (options, args) = parser.parse_args()     # 파싱된 옵션값을 저장

    targetHost = options.tgtHost              # 옵션값에서 호스트 IP 저장

    # 옵션값에서 쉼표로 구분하여 포트 저장
    targetPorts = str(options.tgtPort).split(',')

    if (targetHost == None) | (targetPorts[0] == None):
        print "[-] You must specify a target host and ports."
        exit(0)

    for targetPort in targetPorts:
        nmapScan(targetHost, targetPort)

if __name__ == '__main__':

    main()
```

[그림 4−17]은 인터넷에 연결된 윈도우즈 시스템에서 방화벽이 설치되어 실제 운용되고 있는 메일서버를 스캔한 결과이다. 방화벽으로 인하여 일부 포트는

게으른 해커의 쉽게 배우는 **파이썬 해킹 프로그래밍**

"filtered" 상태로 파악되는 것을 볼 수 있다(시스템 보호를 위하여 마지막 IP주소 는 표시하지 않았다).

```
관리자: C:\Windows\system32\cmd.exe

U:\prog>python nmapScan2.py -H 210.93.6.     -P 20,21,22,23,24,25,80,110,200
[×] 210.93.6.     tcp/20 filtered
[×] 210.93.6.     tcp/21 filtered
[×] 210.93.6.     tcp/22 filtered
[×] 210.93.6.     tcp/23 filtered
[×] 210.93.6.     tcp/24 filtered
[×] 210.93.6.     tcp/25 open
[×] 210.93.6.     tcp/80 open
[×] 210.93.6.     tcp/110 open
[×] 210.93.6.     tcp/200 filtered

U:\prog>
```

[그림 4-17 방화벽이 설치된 실제 메일서버 스캔 결과]

제5장

스카피(Scapy)

스카피 프로그램 작성

스카피(Scapy)를 활용하여 네트워크 공격 프로그램을
작성 할 수 있다.

5-1. 스카피

5-2. 패킷 만들기

5-3. 패킷 스니핑(Packet Sniffing)

5-4. 포트 스캐닝

5-5. 패킷 인젝션(Packet Injection)

5-1. 스카피(Scapy)

스카피는 파이썬 기반의 패킷 조작, 캡처, 전송 등의 기능을 할 수 있는 3rd 라이브러리(Library)이다. 이 장의 실습은 앞장의 내용들을 충분히 이해했다는 조건 하에 진행된다.

시스템 구성도는 [그림 5-1]와 [표 5-1]과 같다.

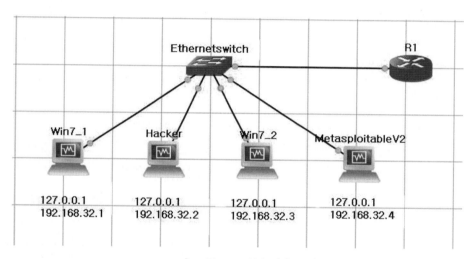

[그림 5-1 실습망]

[표 5-1 시스템 구성도]

번호	IP	운영체제
1	127.0.0.1 192.168.32.1	Win7_1
2	127.0.0.1 192.168.32.2	Hacker(Kali_2018)
3	127.0.0.1 192.168.32.3	Win7_2
4	127.0.0.1 192.168.32.4	MetasploitableV2

4대의 시스템 구성은 3장의 GNS3을 활용한 네트워크 구성도를 참고하면 된다. 또한 6장의 전체적은 설명은 스카피 명령어와 실제 칼리리눅스에서 수행한 화면 으로 구성했다. 명령어와 실습화면을 통해 스카피 사용 방법에 대해 익숙해질 것 이다. 명령 실행 시 결과값이 한 페이지가 넘어가는 것들은 특정 부분만 캡처하 여 사용하였다.

자 그럼 지금부터 스카피를 사용해 보자.

[실습명령어1]

"scapy"를 입력하여 스카피를 실행한다.

```
#scapy

root@kali:~# scapy
WARNING: No route found for IPv6 destination :: (no default route?)

                    aSPY//YASa
              apyyyyCY//////////YCa
            sY//////YSpcs  scpCY//Pp      | Welcome to Scapy
  ayp ayyyyyyySCP//Pp          syY//C     | Version 2.4.0
  AYAsAYYYYYYYY///Ps              cY//S    |
        pCCCCY//p         cSSps y//Y       | https://github.com/secdev/scapy
        SPPPP///a         pP///AC//Y       |
          A//A            cyP////C         | Have fun!
          p///Ac          sC///a          |
          P////YCpc          A//A          | To craft a packet, you have to be a
    sccccp///pSP///p          p//Y        | packet, and learn how to swim in
    sY/////////y  caa          S//P       | the wires and in the waves.
    cayCyayP//Ya              pY/Ya             -- Jean-Claude Van Damme
    sY/PsY////YCc              aC//Yp     |
      sc  sccaCY//PCypaapyCP//YSs
            spCPY//////YPSps
                  ccaacs

                                   using IPython 5.5.0
>>> []
```

[실습명령어2]

스카피 설정(configuration) 옵션 보기

```
>>> conf
```

```
>>> conf
ASN1_default_codec = <ASN1Codec BER[1]>
AS_resolver = <scapy.as_resolvers.AS_resolver_multi instance at 0x7f654d8d5bd8>
BTsocket    = <BluetoothRFCommSocket: read/write packets on a connected L2CAP...
L2listen    = <L2ListenSocket: read packets at layer 2 using Linux PF_PACKET
L2socket    = <L2Socket: read/write packets at layer 2 using Linux PF_PACKET ...
L3socket    = <L3PacketSocket: read/write packets at layer 3 using Linux PF_P...
auto_crop_tables = True
auto_fragment = 1
cache_iflist = {}
cache_ipaddrs = {}
checkIPID  = 0
checkIPaddr = 1
checkIPinIP = True
checkIPsrc = 1
check_TCPerror_seqack = 0
color_theme = <DefaultTheme>
commands   = IPID_count : Identify IP id values classes in a list of packets...
contribs   = {}
crypto_valid = True
```

[실습명령어3]

스카피 promiscous 모드 설정 옵션 확인하기

```
>>> conf.promisc
```

```
>>> conf.promisc
1
```

[실습명령어4]

스카피 네트워크 인터페이스 옵션 설정하기

```
>>> conf.iface = 'eth0'
```

```
>>> conf.iface
'eth0'
>>> conf.iface = 'eth0'
>>> conf.iface
'eth0'
```

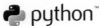

[실습명령어5]

스카피에서 사용가능한 레이어(Layer)에 대한 리스트를 출력하기

```
>>> ls()
```

```
>>> ls()
AH         : AH
ARP        : ARP
ASN1P_INTEGER : None
ASN1P_OID  : None
ASN1P_PRIVSEQ : None
ASN1_Packet : None
ATT_Error_Response : Error Response
ATT_Exchange_MTU_Request : Exchange MTU Request
ATT_Exchange_MTU_Response : Exchange MTU Response
ATT_Find_By_Type_Value_Request : Find By Type Value Request
ATT_Find_By_Type_Value_Response : Find By Type Value Response
ATT_Find_Information_Request : Find Information Request
ATT_Find_Information_Response : Find Information Reponse
ATT_Handle_Value_Notification : Handle Value Notification
ATT_Hdr    : ATT header
ATT_Read_By_Group_Type_Request : Read By Group Type Request
ATT_Read_By_Group_Type_Response : Read By Group Type Response
ATT_Read_By_Type_Request : Read By Type Request
ATT_Read_By_Type_Request_128bit : Read By Type Request
ATT_Read_By_Type_Response : Read By Type Response
ATT_Read_Request : Read Request
```

[실습명령어6]

ARP 프로토콜에는 어떤 필드가 있는지 확인하기

```
>>> ls(ARP)
```

```
>>> ls(ARP)
hwtype     : XShortField              = (1)
ptype      : XShortEnumField          = (2048)
hwlen      : ByteField                = (6)
plen       : ByteField                = (4)
op         : ShortEnumField           = (1)
hwsrc      : ARPSourceMACField        = (None)
psrc       : SourceIPField            = (None)
hwdst      : MACField                 = ('00:00:00:00:00:00')
pdst       : IPField                  = ('0.0.0.0')
```

```
>>> ARP.show()
```

```
>>> ARP().show()
###[ ARP ]###
  hwtype= 0x1
  ptype= 0x800
  hwlen= 6
  plen= 4
  op= who-has
  hwsrc= 08:00:27:c5:0d:1c
  psrc= 192.168.32.2
  hwdst= 00:00:00:00:00:00
  pdst= 0.0.0.0
```

[실습명령어7]

스카피에서 사용할 수 있는 명령어 확인하기

```
>>> lsc()
```

```
>>> lsc()
IPID_count          : Identify IP id values classes in a list of packets
arpcachepoison      : Poison target's cache with (your MAC,victim's IP) couple
arping              : Send ARP who-has requests to determine which hosts are up
bind_layers         : Bind 2 layers on some specific fields' values
bridge_and_sniff    : Forward traffic between interfaces if1 and if2, sniff and return
chexdump            :  Build a per byte hexadecimal representation
computeNIGroupAddr  : Compute the NI group Address. Can take a FQDN as input parameter
corrupt_bits        : Flip a given percentage or number of bits from a string
corrupt_bytes       : Corrupt a given percentage or number of bytes from a string
defrag              : defrag(plist) -> ([not fragmented], [defragmented],
defragment          : defrag(plist) -> plist defragmented as much as possible
dhcp_request        : --
dyndns_add          : Send a DNS add message to a nameserver for "name" to have a new "rdata"
dyndns_del          : Send a DNS delete message to a nameserver for "name"
etherleak           : Exploit Etherleak flaw
fletcher16_checkbytes:  Calculates the Fletcher-16 checkbytes returned as 2 byte binary-string.
fletcher16_checksum :  Calculates Fletcher-16 checksum of the given buffer.
```

[실습명령어8]

스카피에서 사용할 수 있는 명령어 도움말

```
>>> help(sniff)
```

```
Help on function sniff in module scapy.sendrecv:

sniff(count=0, store=True, offline=None, prn=None, lfilter=None, L2socket=None, timeout=None, opene
d_socket=None, stop_filter=None, iface=None, *arg, **karg)
    Sniff packets and return a list of packets.

    Arguments:

      count: number of packets to capture. 0 means infinity.

      store: whether to store sniffed packets or discard them

      prn: function to apply to each packet. If something is returned, it
          is displayed.

          Ex: prn = lambda x: x.summary()

      filter: BPF filter to apply.

      lfilter: Python function applied to each packet to determine if
          further action may be done.
```

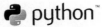

5-2. ﹁ 패킷 만들기

스카피를 활용한 패킷(Packet) 만들기를 해 보자.

1. IP() 레이어(Layer) 확인

```
>>> IP()
```

```
>>> IP()
<IP  |>
```

```
>>> IP().show()
```

```
>>> IP().show()
###[ IP ]###
  version= 4
  ihl= None
  tos= 0x0
  len= None
  id= 1
  flags=
  frag= 0
  ttl= 64
  proto= hopopt
  chksum= None
  src= 127.0.0.1
  dst= 127.0.0.1
  \options\
```

2. IP() 레이어(Layer)의 TTL(Time to Live, IP 패킷 수명) 값 변경

(1) TTL : 최대 홉(Hop) 값으로 IP 헤더 내의 8비트 (최대 : 255, 권장 : 64)

(2) Hop Count : 거치게 되는 라우터 수

```
>>> a = IP(ttl=10)
>>> a
>>> a.show()
```

```
>>> a = IP(ttl=10)
>>> a
<IP  ttl=10 |>
>>> a.show()
###[ IP ]###
  version= 4
  ihl= None
  tos= 0x0
  len= None
  id= 1
  flags=
  frag= 0
  ttl= 10
  proto= hopopt
  chksum= None
  src= 127.0.0.1
  dst= 127.0.0.1
  \options\
```

3. IP() 레이어(Layer)의 IP 주소 변경하기

```
>>> a.src
>>> a.dst
>>> a.dst = "192.168.32.1"
>>> a
```

```
>>> a.src
'127.0.0.1'
>>> a.dst
'127.0.0.1'
>>> a.dst="192.168.32.1"
>>> a
<IP  ttl=10 src=127.0.0.1 dst=192.168.32.1 |>
```

스카피 사이트[25]

스카피 사용법 참조 사이트[26]

---

25) http://www.secdev.org/projects/scapy/
26) http://www.secuof.com/category/python/

143

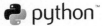

5-3. 패킷 스니핑(Packet Sniffing)

Scapy를 활용한 패킷 스니핑(packet sniffing) 하기를 배워보자. sniff()함수는 패킷을 스니핑 할 수 있다. 함수 원형은 sniff(filter="", iface="any", prn=function, count=N)이다. 각각의 매개변수에 대해서 알아보자.

[표 5-2 sniff함수의 매개변수 정의]

매개변수	의미
filter	스카피가 스니핑하는 패킷에 필터를 적용 tcp port 80 : 모든 HTTP 패킷을 스니핑
iface	스니핑을 수행할 네트워크 인터페이스 따로 지정하지 않으면 모든 인터페이스에서 스니핑
prn	필터에 부합하는 패킷을 대상으로 호출할 함수
count	스니핑할 패킷의 개수

sniff 함수의 사용법은 다음 과 같다.

```python
from scapy.all import *
def packet_callback(packet):
    print packet.show( )
sniff ( filter = "icmp", prn=packet_callback, count=2 )
```

칼리 linux에서 nano 명령어로 /root/t1.py 파일을 만든 후 위의 소스코드를 입력 후 실행하면 [그림 5-2]의 결과를 확인 할 수 있다.

```
root@kali:~# python t1.py
###[ Ethernet ]###
  dst       = 90:9f:33:a0:e3:82
  src       = 08:00:27:c5:0d:1c
  type      = 0x800
###[ IP ]###
     version   = 4
     ihl       = 5
     tos       = 0x0
     len       = 84
     id        = 61458
     flags     = DF
     frag      = 0
     ttl       = 64
     proto     = icmp
     chksum    = 0x8845
     src       = 192.168.32.2
     dst       = 192.168.32.254
     \options   \
###[ ICMP ]###
        type      = echo-request
        code      = 0
        chksum    = 0x7b03
        id        = 0x7e5
        seq       = 0x45f
###[ Raw ]###
           load      = '\xa9\x96}[\x00\x00\x00\x00}\xf3\r\x00\x00\x00\x00\x00\x10\x11\x12\x13\x14\x15\x16\x17\x18\x19\x1a\x1b\x
1c\x1d\x1e\x1f !"#$%&\'()*+,-./01234567'
```

[그림 5-2 스카피의 sniff 함수를 실행한 결과]

소스 코드 sniff (filter = "icmp", prn=packet_callback, count=2)의 뜻은 icmp 를 필터링하고 패킷을 두 개 packet_callback이라는 함수를 통해 출력하라는 뜻 이다. 결과를 확인해 보면 정확하게 icmp패킷을 필터링 한 것을 확인 할 수 있다.

1. 필터(Filter)를 적용하여 ARP 패킷만 스니핑하기

```
>>>pkts = sniff(iface="eth0", filter="arp", count=3)
```

```
>>> pkts = sniff(iface="eth0",filter="arp", count=3)
>>> pkts
<Sniffed: TCP:0 UDP:0 ICMP:0 Other:3>
>>> pkts[0]
<Ether  dst=08:00:27:c5:0d:1c src=90:9f:33:a0:e3:82 type=0x806 |<ARP  hwtype=0x1 ptype=0x800 hwlen=
6 plen=4 op=who-has hwsrc=90:9f:33:a0:e3:82 psrc=192.168.32.254 hwdst=00:00:00:00:00:00 pdst=192.16
8.32.2 |<Padding  load='\x00\x00\x00\x00\x00\x00\x00\x00\x00\x00\x00\x00\x00n\xa3t\x03' |>>>
```

<Sniffed: TCP:0 UDP:0 ICMP:0 Other:3>를 보면 Other:3 개의 패킷이 스니핑 된 것을 확인 할 수 있다.

2. eth0를 활용한 5개의 패킷 스니핑 하기

```
>>>pkts = sniff(iface="eth0", count=5)
```

```
>>> pkts = sniff(iface="eth0", count=5)
>>> pkts
<Sniffed: TCP:2 UDP:1 ICMP:2 Other:0>
>>> pkts[0]
<Ether  dst=90:9f:33:a0:e3:82 src=08:00:27:c5:0d:1c type=0x800 |<IP  version=4 ihl=5 tos=0x0 len=84
 id=18956 flags=DF frag=0 ttl=64 proto=icmp chksum=0x2e4c src=192.168.32.2 dst=192.168.32.254 optio
ns=[] |<ICMP  type=echo-request code=0 chksum=0x1398 id=0x7e5 seq=0x93b |<Raw  load='\x89\x9b}[\x00
\x00\x00\x00\x04~\t\x00\x00\x00\x00\x00\x10\x11\x12\x13\x14\x15\x16\x17\x18\x19\x1a\x1b\x1c\x1d\x1e
\x1f !"#$%&\'()*+,-./01234567' |>>>>
```

<Sniffed: TCP:2 UDP:1 ICMP:2 Other:0>를 보면 정확하게 5개의 패킷이 스니 핑 된 것을 확인 할 수 있다. 5개의 패킷은 /pkts[0]:icmp/pkts[1]:icmp/pkts[2]: tcp/pkts[3]:tcp/pkts[4]:udp 순서로 스니핑 되었다.

Kali 리눅스에 root@kali:~# python t1.py > t1.txt 와 root@kali:~# sz t1.txt를 실행 후에 윈도우로 옮긴 패킷 파일에 대한 내용은 2.1 ~ 2.5이다. 스니핑한 패 킷은 어떠한 상태인지를 분석해보자.

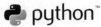

게으른 해커의 쉽게 배우는 **파이썬 해킹 프로그래밍**

(1) 첫 번째 패킷

```
###[ Ethernet ]###
  dst       = 90:9f:33:a0:e3:82
  src       = 08:00:27:c5:0d:1c
  type      = 0x800
###[ IP ]###
     version  = 4
     ihl      = 5
     tos      = 0x0
     len      = 84
     id       = 33363
     flags    = DF
     frag     = 0
     ttl      = 64
     proto    = icmp
     chksum   = 0xf604
     src      = 192.168.32.2
     dst      = 192.168.32.254
     \options  \
###[ ICMP ]###
     type      = echo-request
     code      = 0
     chksum    = 0xedb6
     id        = 0x7e5
     seq       = 0xbd2
###[ Raw ]###
     load      = '"\x9e}[\x00\x00\x00\x00\x94\xc5\x03\x00\x00\x00\x
     00\x00\x10\x11\x12\x13\x14\x15\x16\x17\x18\x19\x1a\x1b\x1c\x1
     d\x1e\x1f !"#$%&\'()*+,-./01234567'
None
```

(2) 두 번째 패킷

```
###[ Ethernet ]###
     dst       = 08:00:27:c5:0d:1c
     src       = 90:9f:33:a0:e3:82
     type      = 0x800
###[ IP ]###
     version   = 4
     ihl       = 5
     tos       = 0x0
     len       = 84
     id        = 60288
     flags     =
     frag      = 0
     ttl       = 64
     proto     = icmp
     chksum    = 0xccd7
     src       = 192.168.32.254
     dst       = 192.168.32.2
     \options   \
###[ ICMP ]###
     type      = echo-reply
     code      = 0
     chksum    = 0xf5b6
     id        = 0x7e5
     seq       = 0xbd2
###[ Raw ]###
     load      = '"\x9e}[\x00\x00\x00\x00\x94\xc5\x03\x00\x00\x00\x
00\x00\x10\x11\x12\x13\x14\x15\x16\x17\x18\x19\x1a\x1b\x1c\x1
d\x1e\x1f !"#$%&\'()*+,-./01234567'

None
```

(3) 세 번째 패킷

```
###[ Ethernet ]###
     dst       = a8:1e:84:19:e7:47
     src       = 08:00:27:c5:0d:1c
     type      = 0x800
###[ IP ]###
     version   = 4
     ihl       = 5
     tos       = 0x10
     len       = 140
     id        = 61358
     flags     = DF
     frag      = 0
     ttl       = 64
     proto     = tcp
     chksum    = 0x8943
     src       = 192.168.32.2
     dst       = 192.168.32.23
     \options   \
###[ TCP ]###
     sport     = ssh
     dport     = 6631
     seq       = 3705508278
     ack       = 1709153060
     dataofs   = 5
     reserved  = 0
     flags     = PA
     window    = 251
     chksum    = 0xc1e8
     urgptr    = 0
     options   = []
###[ Raw ]###
        (Raw 데이터 생략)
None
```

(4) 네 번째 패킷

```
###[ Ethernet ]###
     dst       = 08:00:27:c5:0d:1c
     src       = a8:1e:84:19:e7:47
     type      = 0x800
###[ IP ]###
     version   = 4
     ihl       = 5
     tos       = 0x0
     len       = 40
     id        = 6125
     flags     = DF
     frag      = 0
     ttl       = 128
     proto     = tcp
     chksum    = 0x2179
     src       = 192.168.32.23
     dst       = 192.168.32.2
     \options   \
###[ TCP ]###
     sport     = 6631
     dport     = ssh
     seq       = 1709153060
     ack       = 3705508378
     dataofs   = 5
     reserved  = 0
     flags     = A
     window    = 2049
     chksum    = 0x5c70
     urgptr    = 0
     options   = []
###[ Padding ]###
     load      = '\x00\x00\x00\x00\x00\x00'
None
```

(5) 다섯 번째 패킷

```
###[ Ethernet ]###
    dst       = 90:9f:33:a0:e3:82
    src       = 08:00:27:c5:0d:1c
    type      = 0x800
###[ IP ]###
    version   = 4
    ihl       = 5
    tos       = 0x0
    len       = 84
    id        = 33557
    flags     = DF
    frag      = 0
    ttl       = 64
    proto     = icmp
    chksum    = 0xf542
    src       = 192.168.32.2
    dst       = 192.168.32.254
    \options  \
###[ ICMP ]###
    type      = echo-request
    code      = 0
    chksum    = 0xbbaf
    id        = 0x7e5
    seq       = 0xbd3
###[ Raw ]###
    load      = '#\x9e}[\x00\x00\x00\x00\xc5\xcb\x03\x00\x00\x00\x
    00\x00\x10\x11\x12\x13\x14\x15\x16\x17\x18\x19\x1a\x1b\x1c\x1
    d\x1e\x1f !"#$%&\'()*+,-./01234567'

None
```

스니핑한 5개의 패킷을 분석하면 스니핑할 당시의 네트워크 상태를 알 수 있다.

3. 패킷을 16진수로 출력하기

```
>>>hexdump(pkts[0])
```

```
>>> hexdump(pkts[4])
0000   01005E7FFFFAA81E8419E74708004500   ..^.......G.E.
0010   02AC637A00000111830DC0A82017EFFF   ..cz..........
0020   FFFACD890E76029816553C3F786D6C20   .....v...U<?xml
0030   76657273696F6E3D22312E302220656E   version="1.0" en
0040   636F64696E673D227574662D38223F3E   coding="utf-8"?>
0050   3C736F61703A456E76656C6F70652078   <soap:Envelope x
0060   6D6C6E733A736F61703D22687474703A   mlns:soap="http:
0070   2F2F7777772E77332E6F72672F323030   //www.w3.org/200
0080   332F30352F736F61702D656E76656C6F   3/05/soap-envelo
0090   70652220786D6C6E733A7773613D2268   pe" xmlns:wsa="h
00a0   7474703A2F2F736368656D61732E786D   ttp://schemas.xm
00b0   6C736F61702E6F72672F77732F323030   lsoap.org/ws/200
00c0   342F30382F616464726573736E6E6722   4/08/addressing"
00d0   20786D6C6E733A7773643D2268747470    xmlns:wsd="http
00e0   3A2F2F736368656D61732E786D6C736F   ://schemas.xmlso
```

4. 스니핑 패킷을 pcap 파일로 만들고, 만들어진 pcap을 wireshark를 통해 파일 읽기

```
>>> wrpcap("test.pcap", pkts)
```

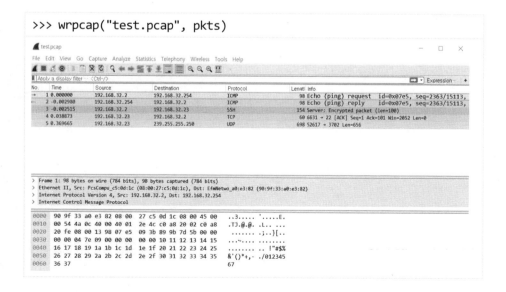

5. PDF파일로 패킷 내용 덤프하기

```
>>> pkts[0].pdfdump(layer_shift=1)
```
cd /tmp로 이동하면 .pdf로 생성된 파일이 보임

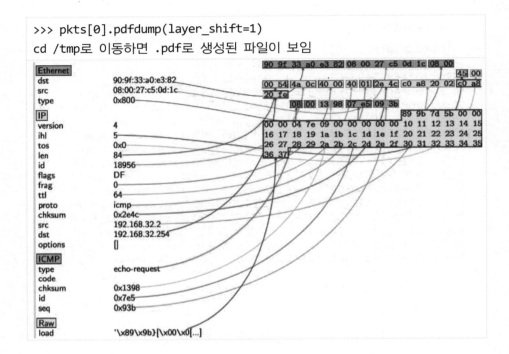

Exam

다음의 지시사항을 수행하시오.

Instruction	http packet sniffer

① 네트워크카드(eth0)를 활용한 패킷 스니핑 하기

```
pkts = sniff(                                    )
```

```
>>> pkts = sniff(iface="eth0",filter="arp", count=3)
>>> pkts
<Sniffed: TCP:0 UDP:0 ICMP:0 Other:3>
>>> pkts[0]
<Ether  dst=08:00:27:c5:0d:1c src=90:9f:33:a0:e3:82 type=0x806 |<ARP  hwtype=0x1 ptype=0x800 hwlen=
6 plen=4 op=who-has hwsrc=90:9f:33:a0:e3:82 psrc=192.168.32.254 hwdst=00:00:00:00:00:00 pdst=192.16
8.32.2 |<Padding  load='\x00\x00\x00\x00\x00\x00\x00\x00\x00\x00\x00\x00\x00\x00n\xa3t\x03' |>>>
```

② 스니핑 데이터 중 Raw 데이터 내용 중 GET, POST, HTTP 내용을 출력하는
프로그램을 작성하세요.

```
※ 힌트
o 정규표현식 사용27)
   import re
   re.match(검색패턴, 검색대상 문자열)

   ex) re.match("GET", header[0])

o 스니핑내용 출력용 함수 선언
   def filterhttp(packet):
      ......

   sniff(iface="eth0",filter="tcp port 8000",prn=filterhttp)
```

---

27) http://devanix.tistory.com/296

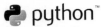

Instruction	http packet sniffer

① 네트워크카드(eth0)를 활용한 패킷 스니핑 하기

```
pkts = sniff(                                      )
```

```
>>> pkts = sniff(iface="eth0",filter="arp", count=3)
>>> pkts
<Sniffed: TCP:0 UDP:0 ICMP:0 Other:3>
>>> pkts[0]
<Ether  dst=08:00:27:c5:0d:1c src=90:9f:33:a0:e3:82 type=0x806 |<ARP  hwtype=0x1 ptype=0x800 hwlen=
6 plen=4 op=who-has hwsrc=90:9f:33:a0:e3:82 psrc=192.168.32.254 hwdst=00:00:00:00:00:00 pdst=192.16
8.32.2 |<Padding  load='\x00\x00\x00\x00\x00\x00\x00\x00\x00\x00\x00\x00\x00n\xa3t\x03' |>>>
```

② 스니핑 데이터 중 Raw 데이터 내용 중 GET, POST, HTTP 내용을 출력하
는 프로그램을 작성하세요.

```
※ 힌트
o 정규표현식 사용28)
   import re
   re.match(검색패턴, 검색대상 문자열)

   ex) re.match("GET", header[0])

o 스니핑내용 출력용 함수 선언
   def filterhttp(packet):
       ......

   sniff(iface="eth0",filter="tcp port 8000",prn=filterhttp)
```

---

28) http://devanix.tistory.com/296

다음의 지시사항을 수행하시오.

Instruction　　http packet sniffer

① 네트워크카드(eth0)를 활용한 패킷 스니핑 하기

```
pkts = sniff(                              )
```

```
>>> pkts=sniff(iface="eth0",filter="tcp port 80", count=10)
>>> pkts
<Sniffed: TCP:10 UDP:0 ICMP:0 Other:0>
>>> pkts[0]
<Ether dst=90:9f:33:a0:e3:82 src=08:00:27:c5:0d:1c type=0x800 |<IP version=4 ihl=5 tos=0x0 len=60
 id=33331 flags=DF frag=0 ttl=64 proto=tcp chksum=0x787b src=192.168.32.2 dst=23.59.72.40 options=[
] |<TCP sport=55600 dport=http seq=2326222001 ack=0 dataofs=10 reserved=0 flags=S window=29200 chk
sum=0x403c urgptr=0 options=[('MSS', 1460), ('SAckOK', ''), ('Timestamp', (1058650741, 0)), ('NOP',
None), ('WScale', 7)] |>>>
```

② 스니핑 데이터 중 Raw 데이터 내용 중 GET, POST, HTTP 내용을 출력하는
　　프로그램을 작성하시오.

```
※ 힌트
o 정규표현식 사용29)
   import re
   re.match(검색패턴, 검색대상 문자열)

   ex) re.match("GET", header[0])

o 스니핑내용 출력용 함수 선언
   def filterhttp(packet):
       ......

   sniff(iface="eth0",filter="tcp port 8000",prn=filterhttp)
```

---

29) http://devanix.tistory.com/296

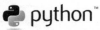

http_sniff_scapy.py

```python
from scapy.all import *
import re

def filterhttp(p):
    if p.haslayer(Raw):
        packet=str(p["Raw"])
        header = packet.split("\r\n")
        printHttpHeader(header)
    else:
        pass

def printHttpHeader(h):

    for i in h:
        print str(i)
    print "**************************************************"

if __name__=="__main__":
    sniff(iface="eth0",filter="tcp port 80",prn=filterhttp)
```

다음의 지시사항을 수행하시오.

Instruction	http packet sniffer

정규표현식을 사용하여 다음과 같이 HTTP 헤더 값을 출력하도록 프로그램을 완성하세요.

```
GET / HTTP/1.1
Host: 192.168.132.1
User-Agent: Mozilla/5.0 (X11; Linux x86_64; rv:24.0) Gecko/20140429
Firefox/24.0 Iceweasel/24.5.0
Accept: text/html,application/xhtml+xml,application/xml;q=0.9,*/*;q=0.8
Accept-Language: en-US,en;q=0.5
Accept-Encoding: gzip, deflate
Connection: keep-alive
Cache-Control: max-age=0


*******************************************
HTTP/1.1 200 OK
Date: Wed, 02 Nov 2016 04:55:29 GMT
Server: Apache
Content-Length: 4647
Keep-Alive: timeout=5, max=100
Connection: Keep-Alive
Content-Type: text/html
```

※ 힌트
① 정규표현식 사용[30]
  import re
  re.match(검색패턴, 검색대상 문자열)
  ex) re.match("GET", header[0])

② 스니핑내용 출력용 함수 선언
  def filterhttp(packet):
      ......

  sniff(iface="eth0",filter="tcp port 8000",prn=filterhttp)

---

30) http://devanix.tistory.com/296

httpheader_sniff_scapy.py

```python
from scapy.all import *
import re

def filterhttp(p):
    if p.haslayer(Raw):
        packet=str(p["Raw"])
        header = packet.split("\r\n")

        if re.match("^GET.+",header[0]):
            printHttpHeader(header)
        elif re.match("^POST.+",header[0]):
            printHttpHeader(header)
        elif re.match("^HTTP.+",header[0]):
            printHttpHeader(header)
    else:
        pass

def printHttpHeader(h):

    for i in h:
        print str(i)
    print "*************************************************"

if __name__=="__main__":
    sniff(iface="eth0",filter="tcp port 80",prn=filterhttp)
```

정규표현식

[표 5-3 정규표현]

정규표현	의미	사용예제
^	문자열의 처음	^aaa : 문자열의 처음에 aaa를 포함하면 매칭
$	문자열의 끝	aaa$: 문자열의 끝에 aaa를 포함하면 매칭
.	하나의 문자 매칭	.lue : alue, blue, clue
?	바로 이전문자의 빈도가 0또는1인 경우	foren? : foren 또는 forens
*	바로 이전문자의 빈도가 0이상인 경우	digi_*for : digifor, digi_for, digi__for, digi_____for
+	바로 이전문자의 빈도가 1이상인 경우	digi_+for: digi_for, digi__for, digi_____for
[ABC]	A,B,C 중의 하나의 문자 매칭	dig[ei]tal : digetal, digital
[^ABC]	A,B,C 이외의 문자매칭	dig[^i]tal : digetal, digftal (digital 제외) [^a-z] : 소문자 이외의 문자
[A-C]	A부터 C중에 하나의 문자매칭	[a-d] : a, b, c, d [0-2] : 0, 1, 2
₩	특수문자를 일반문자로 사용하는 경우	[?[₩]] : ?, [,]
X{M}	문자 X를 M번 반복	h{3} : h가 3번이상 반복 hhh, hhhh ...
X{M,N}	문자 X를 M번이상 N번이하 반복	h{3,5}: hhh, hhhh, hhhhh
A|B	A,B 둘 중에 하나인 경우 매칭	web₩.(com)|(net) : web.com, web.net

₩d+ : 0-9가 1번 이상 반복됨

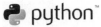
5-4. 스카피 포트스캔

```
PORT       STATE SERVICE
21/tcp     open  ftp
22/tcp     open  ssh
23/tcp     open  telnet
25/tcp     open  smtp
53/tcp     open  domain
80/tcp     open  http
111/tcp    open  rpcbind
139/tcp    open  netbios-ssn
445/tcp    open  microsoft-ds
512/tcp    open  exec
513/tcp    open  login
514/tcp    open  shell
1099/tcp open  rmiregistry
1524/tcp open  ingreslock
2049/tcp open  nfs
2121/tcp open  ccproxy-ftp
3306/tcp open  mysql
5432/tcp open  postgresql
5900/tcp open  vnc
6000/tcp open  X11
6667/tcp open  irc
8009/tcp open  ajp13
8180/tcp open  unknown
```

[그림 5-3 192.168.32.4의 open 되어 있는 포트]

포트스캔 대상 호스트인 "192.168.32.4"를 대상으로 열려있는 포트를 검색해보면
[그림 5-3]과 같고, 스카피를 이용하여 다양한 플래그를 활용한 포트스캔을 실
시한다.

[표 5-4 스카피 이용 시 사용되는 플래그]

Flags		Numerically	Meaning
---- --S-	0000 0010	0x02	normal syn
---A --S-	0001 0010	0x12	normal syn-ack
---A ----	0001 0000	0x10	normal ack
--UA P---	0011 1000	0x38	psh-urg-ack.
---A -R--	0001 0100	0x14	rst-ack
---- --SF	0000 0011	0x03	syn-fin scan
--U- P--F	0010 1001	0x29	urg-psh-fin
-Y-- ----	0100 0000	0x40	anything >= 0x40
XY-- ----	1100 0000	0xC0	both reserved bits set
XYUA PRSF	1111 1111	0xFF	FULL_XMAS scan

1. SYN 스캔[31]

```
sr1(IP(dst="192.168.32.4")/TCP(dport=80,flags="S"))
```

```
>>> sr1(IP(dst="192.168.32.4")/TCP(dport=80,flags="S"))
Begin emission:
.....Finished sending 1 packets.
......*
Received 12 packets, got 1 answers, remaining 0 packets
<IP  version=4 ihl=5 tos=0x0 len=44 id=0 flags=DF frag=0 ttl=64 proto=tcp chksum=0x7975 src=192.168
.32.4 dst=192.168.32.2 options=[] |<TCP  sport=http dport=ftp_data seq=1521961670 ack=1 dataofs=6 r
eserved=0 flags=SA window=5840 chksum=0x1a0d urgptr=0 options=[('MSS', 1460)] |<Padding  load='\x00
\x00' |>>>
```

[그림 5-4 192.168.32.4로 S를 보낸 결과]

특정 호스트인 "192.168.32.4"를 대상으로 80번 포트가 열려있는지(웹서비스를 제공하는지)를 판단하기 위하여 "S(Syn)" 패킷을 보낸다.

[그림 5-4]처럼 출력 결과로 "S(Syn)" 패킷을 받고 "flags=SA(Syn-Ack)" 패킷을 보내는 경우 해당 포트(Port)가 열려있음을 의미한다.

2. SYN 스캔 스카피 코드

다음은 Kali 리눅스에서 nano /root/syn.py로 파일을 만들고 python syn.py를 실행 결과이다. 스캔한 대역대는 192.168.32.0이다.

```python
from scapy.all import *

conf.verb = 0

p = IP(dst="192.168.32.0/24")/TCP(dport=80,flags="S")
ans, unans = sr(p, timeout=3)

for a in ans:
    if a[1].flags == 2:
        print a[1].src + "\r\n"
```

---

31) http://www.secdev.org/projects/scapy/doc/usage.html

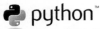

게으른 해커의 쉽게 배우는 **파이썬 해킹 프로그래밍**

```
root@kali:~# python syn.py
192.168.32.4

192.168.32.15

192.168.32.16

192.168.32.23

192.168.32.26

192.168.32.254
```

[그림 5-5 SYN를 이용한 스카피 코드와 결과]

[표 5-5 플래그 상태]

구분	내용	
Request	SYN	Connection
Response	SA(Syn/Ack)	Port Listening
	RA(RESET/ACK)	Port Closed

3. Ack 스캔

```
from scapy.all import *

ip1 = IP(src="192.168.32.2", dst="192.168.32.4")
sy1 = TCP(sport=1024, dport=666, flags="A", seq=12345)
packet = ip1/sy1
p = sr1(packet)
p.show()
```

```
###[ TCP ]###
     sport     = 666
     dport     = 1024
     seq       = 0
     ack       = 0
     dataofs   = 5
     reserved  = 0
     flags     = R
     window    = 0
     chksum    = 0xe7ef
     urgptr    = 0
     options   = []
###[ Padding ]###
     load      = '\x00\x00\x00\x00\x00\x00'
```

[그림 5-6 192.168.32.4로 Ack를 보낸 결과]

특정 호스트인 "192.168.32.4"를 대상으로 666번 포트가 열려있는지를 판단하기 위하여 "A(Ack)" 패킷을 보낸다. 아래의 출력 결과처럼 "A(Ack)" 패킷을 받고 "RST" 응답이 돌아올 경우 해당 포트(Port)가 닫혀있는 것을 의미한다.

[표 5-6 플래그 상태표]

구분	내용	
Request	ACK	Connection
Response	SA(Syn/Ack)	Port Listening
	RST(RESET/ACK)	Port Closed

4. Fin 스캔

```
from scapy.all import *

ip1 = IP(src="192.168.32.2", dst="192.168.32.4")
sy1 = TCP(sport=1024, dport=8563, flags="F", seq=12345)
packet = ip1/sy1
p = sr1(packet)
p.show()
```

```
###[ TCP ]###
     sport      = 8563
     dport      = 1024
     seq        = 0
     ack        = 12346
     dataofs    = 5
     reserved   = 0
     flags      = RA
     window     = 0
     chksum     = 0x98cc
     urgptr     = 0
     options    = []
###[ Padding ]###
        load       = '\x00\x00\x00\x00\x00\x00'
```

[그림 5-7 192.168.32.4로 Fin를 보낸 결과]

특정 호스트인 "192.168.136.128"를 대상으로 8563번 포트가 열려있는지를 판단하기 하여 "F(Fin)" 패킷을 보낸다.

163

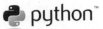

"F(Fin)" 패킷을 받고 응답이 없을 경우 포트는 열려있는 것을 의미하고, RST/ACK 플래그가 설정된 응답을 받게 되면, 해당 포트(Port)가 닫혀있는 것을 의미한다.

5. ARP 스캔

```
from scapy.all import *

for lsb in range(1,20):
    ip = "192.168.32."+str(lsb)
    arpRequest = Ether(dst="ff:ff:ff:ff:ff:ff")/ARP(pdst=ip,
hwdst="ff:ff:ff:ff:ff:ff")
    arpResponse = srp1(arpRequest, timeout=1, verbose=0)

    if arpResponse:
        print "IP: " + arpResponse.psrc + " MAC: " + arpResponse.hwsrc
```

```
root@kali:~# python arp.py
IP: 192.168.32.4 MAC: 08:00:27:37:12:64
IP: 192.168.32.11 MAC: ac:ee:9e:e5:d1:93
IP: 192.168.32.14 MAC: ac:ee:9e:d7:cd:9b
IP: 192.168.32.15 MAC: 0c:1c:20:04:cb:46
IP: 192.168.32.16 MAC: 00:1c:62:82:ac:53
IP: 192.168.32.17 MAC: ac:af:b9:0f:e8:1e
IP: 192.168.32.18 MAC: ac:e2:d3:bb:cc:47
```

[그림 5-8 192.168.32.4로 arp를 스캔한 결과]

[그림 5-8]은 특정 네트워크 "192.168.32.0/24"를 대상으로 MAC 주소를 찾기 위해 스캔한다.

5-5. 패킷 인젝션(Packet Injection)

스카피를 활용한 패킷 인젝션(Packet Injection)하기를 배워보자. 어플리케이션에 의해서 만들어진 데이터(Data)는 TCP 레이어로 내려오면서 TCP 헤더(Header) 값이 붙고 다시 IP 레이어로 내려오면서 IP 헤더(Header) 값이 붙는다. 이 값이 다시 Ethernet 레이어에서 Ethernet 헤더(Header) 정보가 붙어서 송신된다.

1. 패킷 만들기

```
>>> pkts = IP(dst="google.com")
>>> pkts = IP(dst="google.com")/ICMP()/"This is test"
>>> send(pkts)
>>> pkts = IP(dst="google.com")/ICMP()/"This is test"
>>> pkts.show()
###[ IP ]###
  version= 4
  ihl= None
  tos= 0x0
  len= None
  id= 1
  flags=
  frag= 0
  ttl= 64
  proto= icmp
  chksum= None
  src= 192.168.32.2
  dst= Net('google.com')
  \options\
###[ ICMP ]###
     type= echo-request
     code= 0
     chksum= None
     id= 0x0
     seq= 0x0
###[ Raw ]###
        load= 'This is test'
```

특정 대상 호스트인 구글(Google)로 보낼 패킷을 보내고자 할 경우는 패킷을 만들어 send를 통해 보내면 된다.

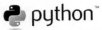

2. 패킷 전송하기

패킷을 전송하고자 할 경우 다음과 같은 명령어를 사용한다.

send( ) : send packets at layer 3 , sendp( ) : send packets at layer 2

먼저 send( ) 명령어를 통한 패킷 전송을 알아보자.

스카피에서 help(send)라고 입력하면 [그림 5−9]와 같은 결과가 나온다. 만들어
진 패킷을 전송하는 함수이다.

```
Help on function send in module scapy.sendrecv:

send(x, inter=0, loop=0, count=None, verbose=None, realtime=None, *args, **kargs
)
    Send packets at layer 3
    send(packets, [inter=0], [loop=0], [verbose=conf.verb]) -> None
(END)
```

[그림 5−9 help(send)]

만들어진 패킷을 레이어(Layer) 3 계층에서 전송하고자 할 때 사용하는 명령으로
패킷 전송을 위한 라우팅 테이블은 현재 컴퓨터에서 설정되어 있는 라우팅 테이
블을 기반으로 전송하는데 conf.route를 통해 확인할 수 있다.

```
>>> conf.route
Network        Netmask          Gateway          Iface  Output IP      Metric
0.0.0.0        0.0.0.0          192.168.32.254   eth0   192.168.32.2   100
127.0.0.0      255.0.0.0        0.0.0.0          lo     127.0.0.1      1
192.168.32.0   255.255.255.0    0.0.0.0          eth0   192.168.32.2   100
```

[그림 5−10 라우팅 테이블 확인]

3. 전송되는 패킷 캡처하기

앞에서 패킷을 만들고 패킷에 데이터를 추가하는 방법을 알아보았다. 그렇다면
정상적으로 전송이 되는지 확인을 해야하는데 Kali 리눅스에서는 tcpdump 명령
을 통해 전송되는 패킷을 확인할 수 있다.

```
tcpdump -i eth0 -XX -vvv icmp
```

tcpdump명령은 eth0 네트워크 인터페이스를 통하여 전송되는 icmp 프로토콜 관련 패킷을 16진수 형태로 출력하라는 명령이다.

tcpdump 명령으로 전송되는 패킷의 내용을 확인해보면 ICMP echo request, ICMP echo reply로 "This is test" 데이터를 포함하는 패킷이 전송됨을 알 수 있다.

```
root@kali:~# tcpdump -i eth0 -XX -vvv icmp
tcpdump: listening on eth0, link-type EN10MB (Ethernet), capture size 262144 bytes
20:17:06.567907 IP (tos 0x0, ttl 64, id 14736, offset 0, flags [DF], proto ICMP (1), length 84)
    kali > _gateway: ICMP echo request, id 4962, seq 89, length 64
        0x0000:  909f 33a0 e382 0800 27c5 0d1c 0800 4500  ..3.....'.....E.
        0x0010:  0054 3990 4000 4001 3ec8 c0a8 2002 c0a8  .T9.@.@.>.......
        0x0020:  20fe 0800 556f 1362 0059 02fd 7d5b 0000  ....Uo.b.Y..}[..
        0x0030:  0000 47aa 0800 0000 0000 1011 1213 1415  ..G.............
        0x0040:  1617 1819 1a1b 1c1d 1e1f 2021 2223 2425  ...........!"#$%
        0x0050:  2627 2829 2a2b 2c2d 2e2f 3031 3233 3435  &'()*+,-./012345
        0x0060:  3637                                     67
20:17:06.568918 IP (tos 0x0, ttl 64, id 8464, offset 0, flags [none], proto ICMP (1), length 84)
    _gateway > kali: ICMP echo reply, id 4962, seq 89, length 64
        0x0000:  0800 27c5 0d1c 909f 33a0 e382 0800 4500  ..'.....3.....E.
        0x0010:  0054 2110 0000 4001 9748 c0a8 20fe c0a8  .T!...@..H......
        0x0020:  2002 0000 5d6f 1362 0059 02fd 7d5b 0000  ....]o.b.Y..}[..
        0x0030:  0000 47aa 0800 0000 0000 1011 1213 1415  ..G.............
        0x0040:  1617 1819 1a1b 1c1d 1e1f 2021 2223 2425  ...........!"#$%
        0x0050:  2627 2829 2a2b 2c2d 2e2f 3031 3233 3435  &'()*+,-./012345
        0x0060:  3637                                     67
```

4. 데이터 추가하고 데이터 캡처하기

```
>>> pkts = IP(dst="google.com")
>>> pkts = IP(dst="google.com")/ICMP()/"This is test"
>>> send(pkts)
```

```
root@kali:~# tcpdump -i eth0 -XX -vvv icmp
tcpdump: listening on eth0, link-type EN10MB (Ethernet), capture size 262144 bytes
20:22:29.744518 IP (tos 0x0, ttl 64, id 1, offset 0, flags [none], proto ICMP (1), length 40)
    kali > 172.217.25.14: ICMP echo request, id 0, seq 0, length 20
        0x0000:  909f 33a0 e382 0800 27c5 0d1c 0800 4500  ..3.....'.....E.
        0x0010:  0028 0001 0000 4001 d442 c0a8 2002 acd9  .(....@..B......
        0x0020:  190e 0800 bec0 0000 0000 5468 6973 2069  ..........This.i
        0x0030:  7320 7465 7374                           s.test
20:22:29.795444 IP (tos 0x0, ttl 50, id 0, offset 0, flags [none], proto ICMP (1), length 40)
    172.217.25.14 > kali: ICMP echo reply, id 0, seq 0, length 20
        0x0000:  0800 27c5 0d1c 909f 33a0 e382 0800 4500  ..'.....3.....E.
        0x0010:  0028 0000 0000 3201 e243 acd9 190e c0a8  .(....2..C......
        0x0020:  2002 0000 c6c0 0000 0000 5468 6973 2069  ..........This.i
        0x0030:  7320 7465 7374 0000 e006 1166            s.test.....f
```

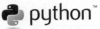

캡처된 패킷을 분석하면 This.is.test라는 데이터가 추가되어 전송되는 것을 확인할 수 있다. 앞에서 실습해본 내용들로 독자들은 다양한 패킷을 조작하여 전송해 보도록 하자.

[참조자료]

1. https://github.com/payatu/diva-android
2. http://resources.infosecinstitute.com/
3. https://labs.mwrinfosecurity.com/tools/drozer/

부 록

실습환경(Lab) 구축

부록 A. 버추얼박스(VirtualBox) 설치

이 책에서 제공하는 실습환경은 윈도우즈와 리눅스를 사용하고 있다. 대부분의 독자들은 윈도우즈 환경에서 작업할 것인데, 리눅스를 위하여 별도의 컴퓨터를 준비하기는 어렵다. 하나의 컴퓨터에서 여러 가지 운영체제를 설치하여 마치 여러 대의 컴퓨터를 가진 것처럼 사용할 수 있는데, 이렇게 실제 하드웨어 없이 독립된 컴퓨터처럼 사용되는 컴퓨터를 가상머신(virtual machine)이라고 한다. 부록 A에서는 가상 머신을 제공하는 툴 중의 하나인 버추얼박스 설치 방법을 소개할 것이다. 부록 B에서는 이 가상머신에 칼리리눅스를 설치하는 방법을 소개할 것이다.

(1) [그림 A-1]과 같이 버추얼박스 프로그램 다운로드 사이트인 "http://www.virtualbox.org"를 방문하여 다운로드를 시작한다.

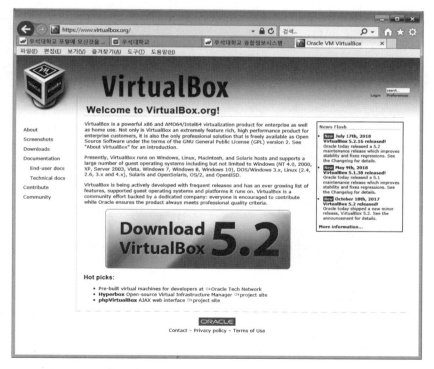

[그림 A-1 버추얼박스 다운로드 사이트]

(2) 내 컴퓨터의 운영체제 종류에 따라 패키지를 선택하여 실행시키거나 다운로
드 받은 후 실행시킨다. 예에서는 윈도우즈 시스템에 설치하는 경우이므로
[그림 A−2]와 같이 "Windows hosts"를 선택하였다.

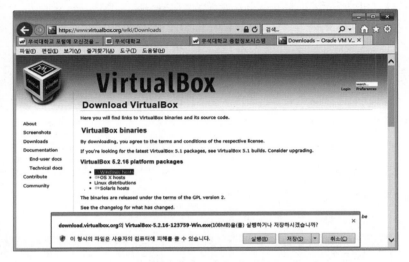

[그림 A-2 운영체제에 따른 패키지 선택]

(3) [그림 A−3]에서 "Next"를 눌러서 설치를 시작한다.

[그림 A-3 버추얼박스 설치 시작]

(4) [그림 A-4]에서 설치 옵션을 선택한다. 다른 것은 기정치를 사용하고, 필요
에 따라 원하는 위치로 설치 폴더만 변경시키면 된다.

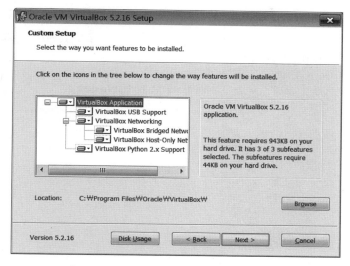

[그림 A-4 설치할 기능 및 폴더 선택]

(5) 설치 후 생성할 아이콘 생성 등에 대한 옵션을 선택한다. 기정치를 사용하면
된다.

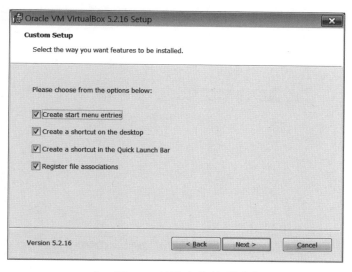

[그림 A-5 사용자 옵션 선택]

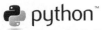

(6) [그림 A-6]처럼 설치하는 동안 네트워크가 초기화되면서 일시적으로 사용이
불가하다는 안내가 출력된다. 네트워크를 연결하여 작업 중이 아니라면 계속
진행한다.

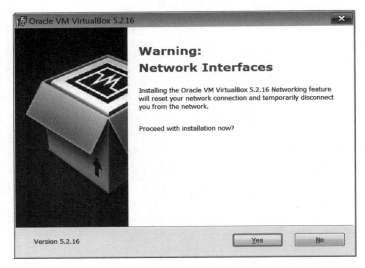

[그림 A-6 네트워크 초기화 및 일시 중지 안내]

(7) 앞에서 설정한 옵션에 따라 설치하겠다고 확인을 한다.

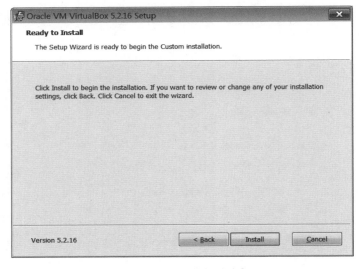

[그림 A-7 설치 시작]

(8) 선택한 옵션대로 실제 설치가 시작된다.

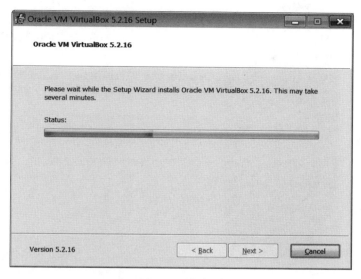

[그림 A-8 설치 진행]

(9) [그림 A-9]처럼 설치 과정 중에 버스 컨트롤러, 네트워크 어댑터, 네트워크
서비스 관련 소프트웨어를 설치할 것인지 묻는데, 모두 설치를 선택한다.

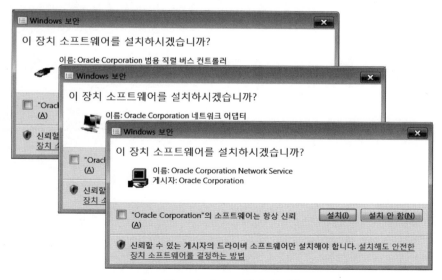

[그림 A-9 소프트웨어 설치]

175

게으른 해커의 쉽게 배우는 **파이썬 해킹 프로그래밍**

(10) 설치가 완료되면 [그림 A-10]처럼 설치완료를 알리고 바로 실행시킬 것인
지를 묻는데, 체크박스를 선택하여 버추얼박스를 실행시켜보자.

[그림 A-10 설치 완료]

이제 설치는 완료 되었다. 그러나 만약 USB 2.0, USB 3.0 혹은 디스크 암호화 등
을 이용하려면 확장팩을 설치해야 한다. 그렇지 않다면 다음 단계들은 생략해도
된다.

(11) 먼저 확장팩을 "https://www.virtualbox.org/wiki/Downloads"에서 "VirtualBox 5.2.16 Oracle VM VirtualBox Extension Pack"을 다운로드 받는다.

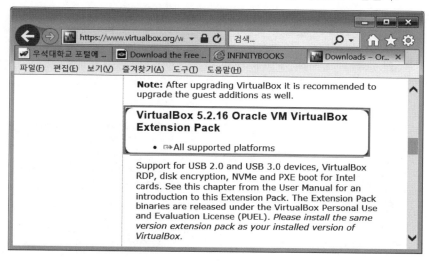

[그림 A-11 확장팩 다운로드]

(12) 버추얼 박스의 "파일"에서 "환경 설정(P)"을 선택한다.

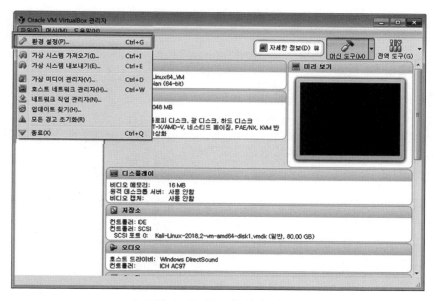

[그림 A-12 확장팩 설치 메뉴]

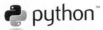

게으른 해커의 쉽게 배우는 **파이썬 해킹 프로그래밍**

(13) "확장"을 선택하고 오른쪽에서 다운로드 받은 확장팩 파일을 선택하고, "확인" 버튼을 눌러서 설치한다.

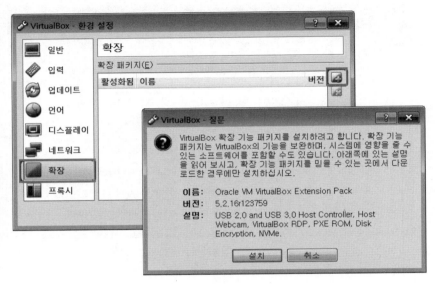

[그림 A-13 확장팩 선택]

(14) 라이선스에 동의하면 설치가 완료된다.

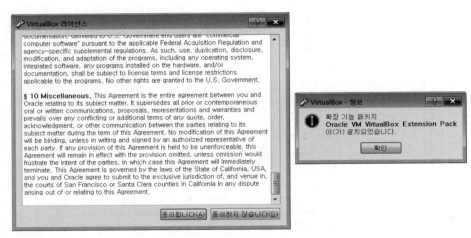

[그림 A-14 확장팩 라이선스 동의]

(15) 설치가 완료되면 확장패키지 목록에 나타난다.

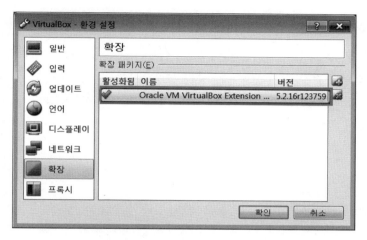

[그림 A-15 확장팩 설치 완료]

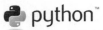

부록 B. 칼리리눅스(Kali Linux) 설치

부록 A에서 설치한 버추얼박스에 칼리리눅스 시스템을 설치해 보자.
칼리리눅스는 Debian에 기반하여 만든 리눅스 시스템으로서, 여러 가지 다양한
해킹 툴을 지원하는 시스템이다. 칼리리눅스를 설치하는 방법에는 2가지가 있는
데, ① ISO 파일을 이용한 직접 설치 ② 버추얼 이미지를 이용한 설치이다. 각각
에 대하여 알아보자.

B.1 ISO 파일을 이용한 설치

이 방법은 칼리리눅스 ISO 파일을 다운로드 받아 단계별로 설정 값을 입력하면서
설치하는 방법이다. 조금 번거롭지만, 단계별로 설정 값의 의미를 알아 둘 수 있다.

(1) 우선 설치할 컴퓨터의 운영체제 비트에 맞는 적당한 이미지를 "https://www.
kali.org/downloads/"에서 다운로드한다. [그림 B-1]에서 보는 바와 같이 다
운로드 받는 방법은 http(ISO 파일)와 torrent(토렌트 시드)를 이용한 방법이
있다. 독자가 편리한 방법을 이용하면 된다.

[그림 B-1 칼리리눅스 다운로드]

(2) 다운로드한 칼리리눅스를 설치할 컴퓨터가 있어야 하므로, 우리는 버추얼박스
에서 새로운 가상 시스템을 생성하여 그 시스템에 다운로드한 칼리리눅스를
설치할 것이다. 버추얼박스에서 "새로 만들기(N)"을 선택한다.

[그림 B-2 칼리리눅스 다운로드]

(3) 가상 머신의 이름을 적절히 입력하고(그림에서는 "KaliLinux64"), 종류는 "Linux",
버전은 자신의 운영체제에 따라 "Debian (64−bit)" 혹은 "Debian (32−bit)"를
선택한다. 메모리와 하드디스크는 디폴트 값인 1024MB와 "지금 새 가상 하드
디스크 만들기(C)"인 선택한다.

[그림 B-3 가상머신 이름과 종류 설정]

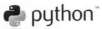

게으른 해커의 쉽게 배우는 **파이썬 해킹 프로그래밍**

(4) 가상 하드 디스크 만들 위치를 선택한다. 디폴트는 개인 폴더의 "VirtualBox VMs" 아래 가상 시스템 이름의 폴더이다. 필요할 경우, [그림 B-4]처럼 오른쪽 파일 아이콘을 눌러서 설치할 폴더를 지정할 수 있다.

[그림 B-4 가상 하드 디스크 파일 위치 선택]

(5) 버추얼박스의 왼편에 입력한 이름의 가상 시스템이 하나 만들어진 것을 볼수 있다. 이 시스템을 선택한 다음 "설정(S)"를 눌러 환경을 설정하고, 칼리리눅스를 설치하자.

[그림 B-5 가상 머신 설정]

(6) 설정 화면이 나오면 왼쪽에서 "시스템"을 선택하고 오른쪽에서 "프로세서(P)" 탭을 선택 다음 "PAE/NX 사용하기(E)"를 선택한다.

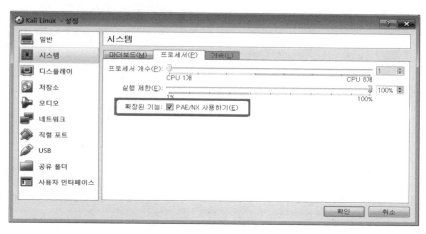

[그림 B-6 가상 머신 프로세서 설정]

(7) 부팅 CD로부터 설치하지 않고 가상의 CD인 ISO파일에서 부팅하도록 설정해야 한다. 왼쪽에서 "저장소를 선택하면" 오른편의 "컨트롤러: IDE"가 "비어 있음"으로 표시되는데, 여기에 앞에서 다운로드한 ISO 파일을 연결할 것이다. 오른쪽에 있는 "광학 드라이브(D)" 끝에 있는 CD 아이콘을 눌러서 다운로드 받은 칼리리눅스 ISO 파일을 선택한다.

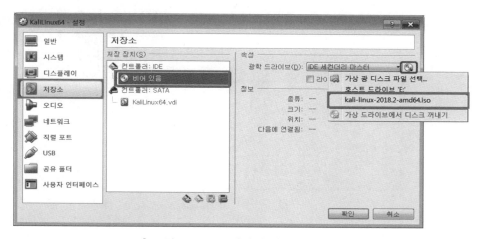

[그림 B-7 ISO 파일의 저장소 선택]

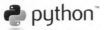

(8) ISO 파일을 선택하고 나면, 가운데 저장장치 목록에 파일이 표시된다.

[그림 B-8 ISO 파일의 저장소 완료]

(9) 이제 가상 시스템을 부팅하면 자동으로 ISO 파일이 실행되면서 설치를 시작할
   것이다. 부팅하는 방법은 [그림 B-9]에서 해당 시스템(예에서는 "KaliLinux64")
   을 더블클릭하거나 메뉴에서 "시작(T)"를 누르는 것이다.

[그림 B-9 가상 머신 부팅]

(10) 부팅이 시작되면 설치 화면이 출력되는데, 키보드 화살표를 이용하여 "Install"
혹은 "Graphical Install"을 선택하고 엔터키를 입력한다. 예에서는 "Install"
을 선택하였다. 설치 단계에서 설정하는 옵션 값들은 설치 완료 후에 변경이
가능하다.

[그림 B-10 "Install" 선택]

(11) 설치 대화상자에 사용될 언어를 "한국어"로 선택한다.

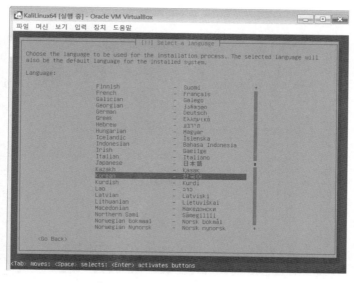

[그림 B-11 설치 언어 선택]

(12) [그림 B-12]에서 안내하듯이 한국어를 선택할 경우, 불완전하게 번역될 수 있으니 "English"를 선택해도 된다.

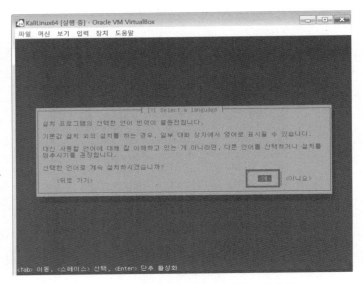

[그림 B-12 한국어 번역의 불완전 안내]

(13) 표준시를 "대한민국"으로 설정한다.

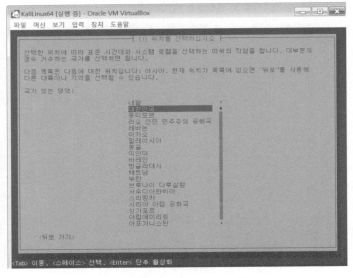

[그림 B-13 표준시 설정]

(14) 사용할 키보드를 "한국어"로 설정한다.

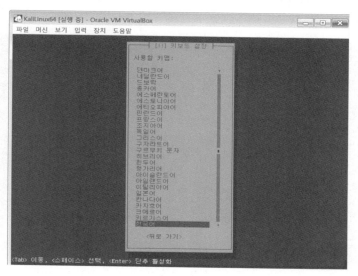

[그림 B-14 키보드 언어 선택]

(15) 네트워크에서 이 가상 머신을 인식하도록 하기 위한 호스트 이름을 입력한다. 예에서는 "KaliLinux64"로 하였다. 이 이름은 버추얼박스에서의 이름은 가상 시스템간의 구분 이름이고 이 이름과는 별도이다. 보통 시스템의 역할이나 특성을 반영하도록 한다.

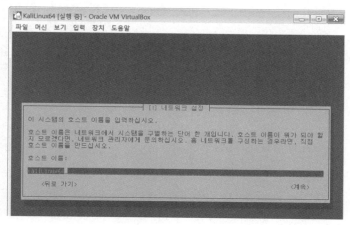

[그림 B-15 네트워크에서 구별하는 호스트명 설정]

(16) 시스템의 도메인 명을 입력한다. 예에서는 "test.kr"로 입력하였다. 인터넷에서 도메인명을 사용하려면 공식적으로 등록해야 한다.

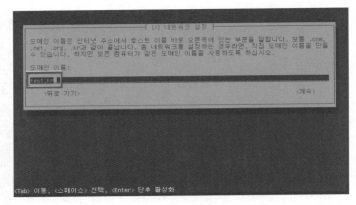

[그림 B-16 도메인명 설정]

(17) 설치하는 시스템의 root 계정의 패스워드를 입력한 후, 다음 창에서 다시 한 번 확인 입력을 한다. 이 때 패스워드는 소문자로만 시작해야 함을 주의하자. 하단의 "암호를 일반 텍스트로 표시"를 선택하면 입력 내용이 "*"가 아닌 텍스트로 출력되므로 입력하는 패스워드를 확인할 수 있다.

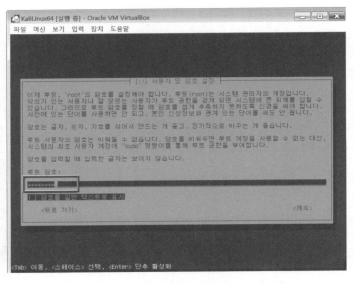

[그림 B-17 root 계정의 패스워드 설정]

(18) 안전을 위해 보통 특별한 경우가 아니면 권한이 막강한 root 계정은 사용하지 않는다. 새로 생성할 사용자 계정의 사용자 이름을 입력한다. 사용자 이름은 계정 이름이 아니라 사용자에 대한 정보이다. 보통 사용자의 전체 이름을 입력한다. 예에서는 "GilDong Hong"을 사용하였다.

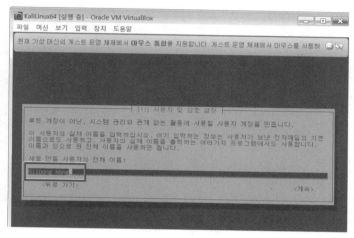

[그림 B-18 등록할 사용자 이름 입력]

(19) 계정의 사용자명(username 혹은 아이디(id))를 입력한다. 예에서는 "hong"을 사용하였다. [그림 B-19]에서 안내하는 바와 같이 사용자 이름은 영문 소문자로 시작해야 함을 주의하자.

[그림 B-19 등록한 사용자의 계정(id)]

(20) 생성한 사용자 계정의 패스워드를 입력한 후, 다음 창에서 다시 확인 입력을
한다. root이 패스워드와 마찬가지로 "암호를 일반 텍스트로 표시"를 선택하
여 입력하는 패스워드를 확인할 수도 있다.

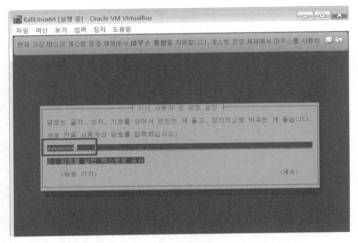

[그림 B-20 등록한 사용자의 패스워드 설정]

(21) 디스크의 파티션에 대한 옵션을 선택한다. 기정치인 "자동 - 디스크 전체 사
용"을 선택한다.

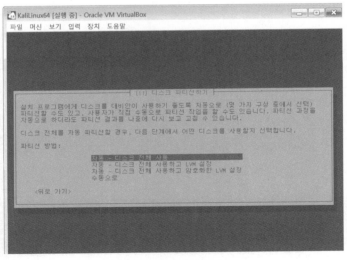

[그림 B-21 디스크 파티션 방법 설정]

(22) 선택한 디스크의 정보가 삭제됨을 확인한다.

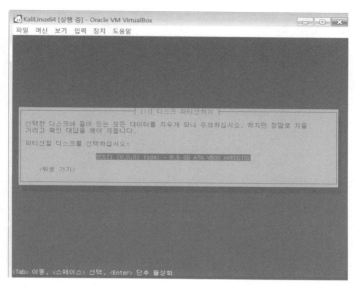

[그림 B-22 파티션할 디스크의 데이터 삭제 확인]

(23) 파티션 구성을 선택한다. 기정치인 "모두 한 파티션에 설치"를 선택한다.

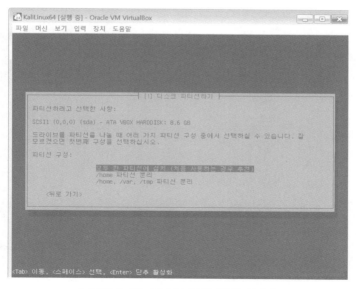

[그림 B-23 파티션 구성 방법 선택]

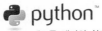
게으른 해커의 쉽게 배우는 **파이썬 해킹 프로그래밍**

(24) 선택한 옵션들이 출력되고 이를 확인하면 파티션이 진행된다.

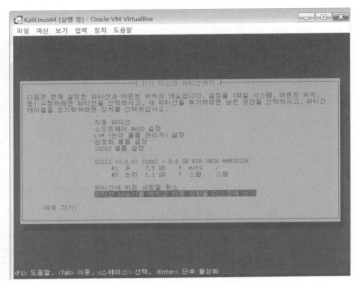

[그림 B-24 디스크 파티션 선택사항 확인]

(25) 파티션이 완료되고 이에 따라 변경된 파티션 테이블을 디스크에 쓰도록 한다.

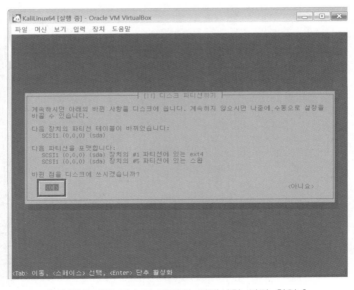

[그림 B-25 디스크 파티션 선택사항 저장 확인]

(26) 디스크 저장이 진행된다. 시간이 걸릴 수 있는 작업이니 인내심을 가지고 기다려야 한다.

[그림 B-26 디스크 파티션 선택사항 저장]

(27) 향후 여러 가지 패키지를 설치하게 되는데, 패키지 설치가 원활하도록 네트워크 미러 사이트 사용을 선택한다.

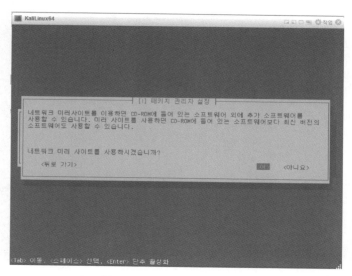

[그림 B-27 미러사이트 사용 선택]

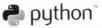

(28) 프록시(Proxy)가 필요 없다면 빈 칸으로 남겨두고 계속 진행한다.

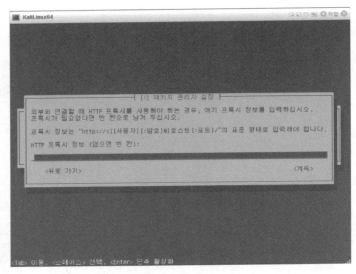

[그림 B-28 HTTP 프록시 사용 선택]

(29) 마스터 부트 레코드에 GRUB(GRand Unified Bootloader) 부트로더 설치를 허용한다.

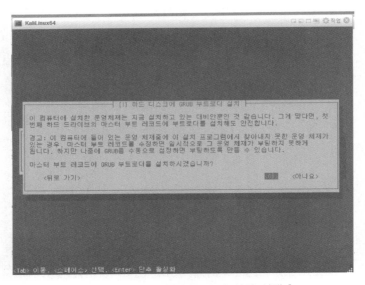

[그림 B-29 GRUB 부트로더 설치 선택]

(30) GRUB 부트로더가 설치될 장치를 선택한다.

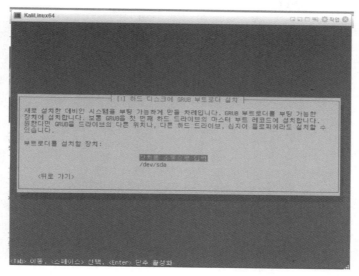

[그림 B-30 GRUB 부트로더 설치할 장치 선택]

(31) GRUB 부트로더가 선택한 장치에 설치가 진행된다.

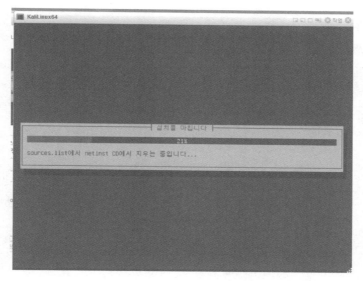

[그림 B-31 GRUB 부트로더 설치 중]

(32) 설치과정을 마치고 칼리리눅스 시스템으로 부팅한다.

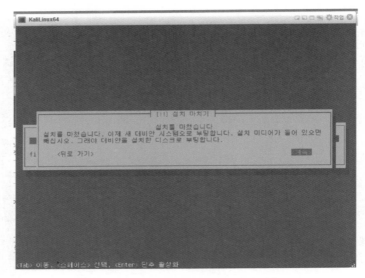

[그림 B-32 시스템 재부팅 안내]

(33) 칼리리눅스로 부팅이 진행된다.

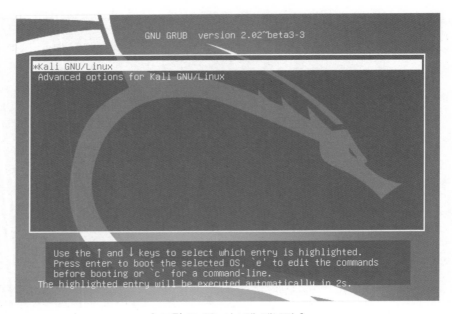

[그림 B-33 시스템 재부팅]

196

B.2 버추얼 이미지를 이용한 설치

ISO 파일을 이용한 직접 설치는 다소 지루하고 사용자 컴퓨터의 상황에 따라 실패 확률도 높다. 좀 더 손쉽고 빠른 방법은 이미 설치된 칼리리눅스를 이미지 그대로 덤프 받아 놓은 버추얼 이미지를 다운로드 받아 설치하는 것이다.

(1) 우선 "http://www.kali.org/downloads/"에서 제공하는 버추얼박스용 칼리리눅스 버추얼 이미지(virtual image)를 다운로드 한다. 예에서는 64비트용 이미지를 선택하였다.

[그림 B-34 버추얼 이미지 다운로드 사이트]

(2) 버추얼 이미지 파일은 "https://www.offensive-security.com/kali-linux-vm-vmware-virtualbox-hyperv-image-download/"에서 OVA 형식으로 제공된다. OVA 파일을 다운로드 받는 방법은 직접 OVA 파일을 받거나 torrent를 이용하는 방법이 제공된다. 다운로드 받을 때 Internet Explorer를 이용하는 것보다는 Chrome을 이용하면 좀 더 안정적으로 다운로드 받을 수 있다. 다운로드 받은 파일명은 "kali-linux-2018.2-vbox-amd64.ova"인

데, 독자들이 다운로드 받을 때는 새로운 버전이 제공될 수도 있으니 유의하자. 한 가지 주목해서 보아야 할 사항이있는데 다운로드 웹페이지에 이미지 파일의 root의 패스워드는 "toor"로 설정되어 있음이 표시되어 있는데, 이것은 이미지 파일 설치 후 로그인할 때 사용할 패스워드이다.

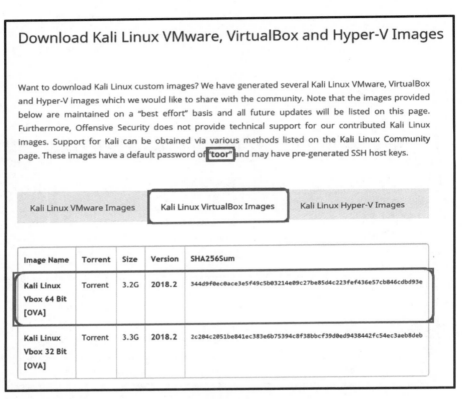

[그림 B-35 다운로드할 버추얼 이미지 선택]

(3) 적절한 위치에 다운로드를 마쳤으면, 버추얼 박스를 열어서 메뉴의 "파일(F)"
을 선택한 후, "가상 시스템 가져오기(I)"를 선택한다.

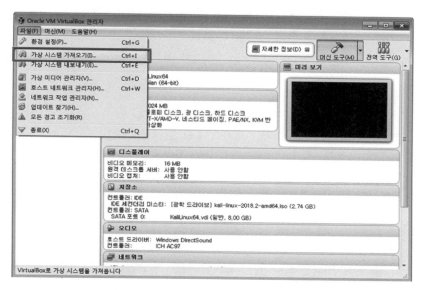

[그림 B-36 가상 시스템 가져오기]

(4) 다운로드한 버추얼 이미지를 선택한다.

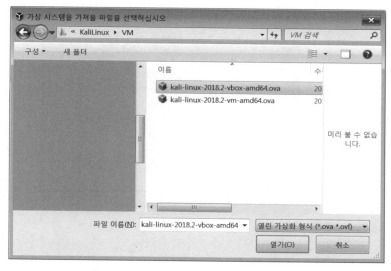

[그림 B-37 설치할 가상 이미지 선택]

(5) 가져올 버추얼 이미지가 선택되었다.

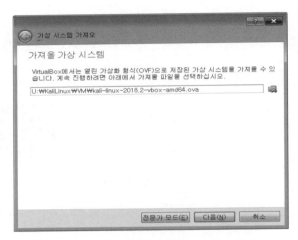

[그림 B-38 설치할 가상 이미지 파일]

(6) 설치할 가상 시스템에 대한 정보가 출력된다. 이름은 기정치로 이미지 파일명과 같고, 설치된 가상 이미지 파일은 사용자 폴더에 이미지 파일명으로 생성된다.

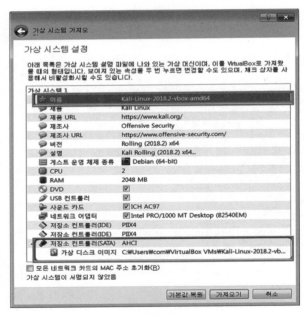

[그림 B-39 설치할 가상 이미지 속성]

(7) 가상 시스템 이름과 저장소의 위치를 바꾸고 싶으면 해당 속성을 더블 클릭하여 바꾸면 된다. 예에서는 가상시스템의 이름을 "KaliLinux64_VM"으로 바꾸고 저장 폴더도 적절하게 변경하였다.

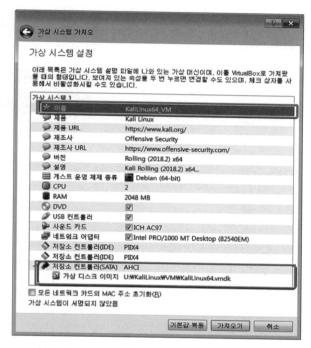

[그림 B-40 설치할 가상 이미지 속성 변경]

(8) 선택한 옵션대로 설치가 진행된다.

[그림 B-41 가상 이미지 설치 시작]

(9) 가져오기가 완료되면 [그림 B-42]와 같이 "KaliLinux64_VM"이라는 이름으로 칼리리눅스 시스템이 생성되는 것을 볼 수 있다. 이것을 더블클릭하거나 선택 후 "시작(T)" 버튼을 눌러 부팅을 시작한다.

[그림 B-42 가상 이미지로 설치할 시스템 부팅]

(10) 가상 이미지로부터 설치한 시스템을 부팅한다.

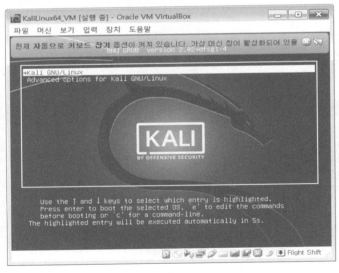

[그림 B-43 가상 이미지로 설치한 시스템 부팅]

B.3 로그인 및 환경 설정

ISO 파일을 이용했든 가상 이미지를 이용했든 설치가 완료되고 부팅이 되면 [그림 B-44]와 같이 로그인 화면이 나타난다. 예에서는 가상 이미지로 만든 시스템인 KaliLinux64_VM을 사용하였다.

로그인 하기 전에 한 가지 중요한 설정을 하고 가자. 이제 칼리리눅스 시스템과 실제 시스템(윈도우즈라고 가정하자)을 오가며 작업을 할텐데, 일단 칼리리눅스 시스템에서 마우스를 클릭해서 사용하게 되면 마우스가 다시 윈도우즈로 이동하지 못한다. 하지만 호스트키(host key)를 통해서 마우스를 이동시킬 수 있다. [그림 B-44]처럼 화면 하단의 아래쪽에 표시되어 있는 "Right Shift"가 바로 호스트키이다. 그런데 이 키는 제대로 작동하지 않으므로 "F12" 키를 호스트키로 설정하자.

(1) [그림 B-44]에서와 같이 "파일" 메뉴의 "환경설정..."을 누르면 [그림 B-45]가 나타난다.

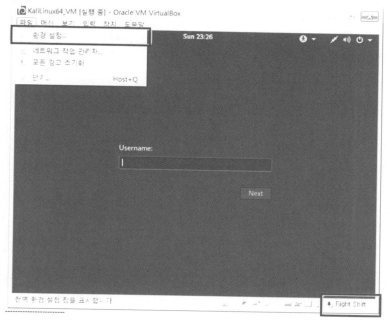

[그림 B-44 호스트키 설정]

(2) [그림 B-45]의 왼쪽에서 "입력"을 선택하고 오른쪽에서 "가상머신(M)"을 선택한 후, "호스트 키 조합"의 "Right Shift"라고 되어 있는 부분을 클릭하고 키보드의 F12 키를 누르면 [그림 B-46]과 같이 변경된다. 확인 버튼을 눌러 저장하고 나면 [그림 B-47]처럼 로그인 화면의 하단에 "F12"라고 바뀌는 것을 볼 수 있다. 호스트키의 아이콘(화살표)가 녹색이면 마우스가 가상머신이 잡고 있다는 것을 나타내고 회색이면 그렇지 않다는 것을 나타낸다.

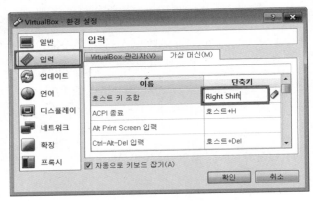

[그림 B-45 호스트키 초기값]

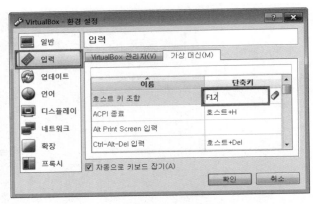

[그림 B-46 호스트키 변경]

(3) 이제 로그인해 보자. 로그인 화면에서 아이디에는 root를, 패스워드에는 [그림 B-35]에서 설명된 대로 "toor"를 입력하면 된다. 만약 ISO를 이용하여 설치했다면 [그림 B-17]에서 설정한 패스워드를 입력하면 된다.

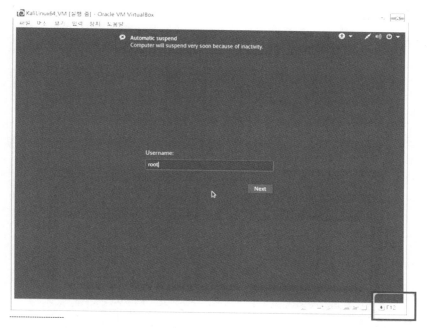

[그림 B-47 username(id)를 root로 입력]

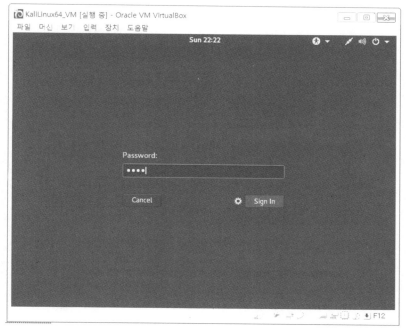

[그림 B-48 root의 패스워드 입력]

(4) 로그인에 성공하면 [그림 B-49]와 같이 칼리리눅스 초기화면이 출력된다.

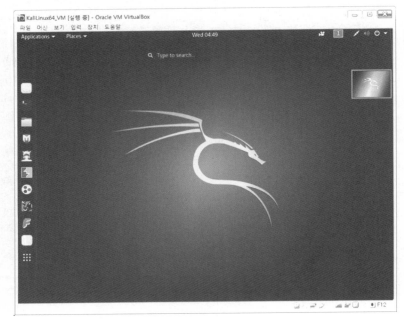

[그림 B-49 칼리리눅스 초기 화면]

저자 프로필

한상준

[경력]
- 국정원 전북지부, 공정거래위원회 등 디지털포렌식 강의
- 전주기전대학교 교수
- 디지털포렌식전문가 자격시험 출제위원

[저역서]
- 안드로이드 App 시큐리티
- 디지털포렌식과 디지털데이터

이성원

- 전주지방검찰청 디지털포렌식 분야 검찰시민위원
- 목포대학교 정보보호영재교육원 등 디지털포렌식전문가과정 강의
- 우석대, 군산대, 건양대, 목포대 등 디지털포렌식 강의
- 디지털포렌식전문가 자격시험 출제위원

조태남

[경력]
- 한국전자통신연구원 선임연구원
- 이화여자대학교 컴퓨터학과 전임강사
- 우석대학교 정보보안학과 교수
- 우석대학교 IT전자융합공학과 교수

[저역서]
- 자바시큐어코딩 가이드라인
- 모바일시대의 정보보안개론
- 컴퓨터보안과 암호

게으른 해커의 쉽게 배우는

파이썬 해킹 프로그래밍

개정판 발행	2019년 3월 4일
지은이	한상준·조태남·이성원
펴낸이	안종만·안상준
기획/마케팅	이영조
표지디자인	권효진
제 작	우인도·고철민
펴낸곳	(주)**박영사**
	서울특별시 종로구 새문안로3길 36, 1601
	등록 1959. 3. 11. 제300-1959-1호(倫)
전 화	02)733-6771
f a x	02)736-4818
e-mail	pys@pybook.co.kr
homepage	www.pybook.co.kr
ISBN	979-11-303-0711-4 (93000)

정 가   14,000원